PREFÁCIO TIAGO BRUNET

A VERDADE QUE NINGUEM TE CONTOU SOBRE SER UM IMIGRANTE

PÁGINA 61

BRUNO AVELAR

PÁGINA 67 - A VERDADE QUE NINGUÉM TE CONTOU SOBRE SER UM IMIGRANTE
16x23 – Brochura – 160 págs.

Autor: BRUNO AVELAR

Projeto Editorial Completo / Editora Anjo

Coordenação Editorial de Projeto: Andresa Stipp Anjo

Revisor: André George Savy

Revisor: Margareth Antequera

Diagramação: Editora Anjo - Graziela Fontes

Capa: Daniel Diogo Domingos / Editora Anjo

IMPRESSÃO - Grupo Editorial - EDITORA ANJO

WWW.EDITORAANJO.COM.BR

PÁGINA 67

1ª edição - São Paulo – 160pgs

EDITORA ANJO

Gênero: IMIGRAÇÃO / DESENVOLVIMENTO HUMANO CDD - B869

9 786588 718421

A VERDADE QUE NINGUÉM TE CONTOU SOBRE SER UM IMIGRANTE

9-786-588-7184-21

Criado no Brasil

PÁGINA 67

BRUNO AVELAR

A VERDADE QUE NINGUÉM TE CONTOU SOBRE SER UM IMIGRANTE

1ª Edição

BRASIL/USA

2021
Editora Anjo

PÁGINA 67

PÁGINA 67

BRUNO AVELAR

O presente livro conta a história de Bruno Avelar, empreendedor de sua própria vida, que se tornou perito em mudança de país, através de conexões importantes e o dom de realizar *networking*, além de ter adquirido larga experiência por tudo que viveu, imigrando entre países da Europa e pelos Estados Unidos, e hoje ajuda quem precisa enfrentar as principais dores desta longa jornada.

PÁGINA 67

AGRADECIMENTOS

Quero primeiro agradecer a Deus, sem Ele em minha vida, nada seria possível.

Quero agradecer aos meus pais Wellington Alves e Elaine Avelar, que dedicaram a vida aos filhos, também aos meus irmãos, Rafael Avelar e Diego Avelar.

Agradecer a minha esposa Cláudia Avelar que está comigo há 14 anos e nunca desistiu da nossa família, me apoiando em minhas decisões e estando sempre presente em casa, fazendo o papel de mãe e pai quando estive ausente.

Cláudia, obrigado por dedicar estes 14 anos da sua vida para nossa família! Obrigado por ter me dado dois filhos maravilhosos, Kevin e Kai, a maior conquista da minha vida são vocês. Amo vocês.

Gostaria de agradecer, também, por todo carinho e apoio dos meus amigos, Cesar Menotti, Theo Menotti, Gaby Menotti, Simone Lacerda, Dona Elcí, Fábio Lacerda, Fabiano Menotti, Tiago Brunet, Matheus Duarte, Marlusa Duarte, Gil Marciano, Laércio Xavier, Caio Abreia, Antônio Cirilo, Kaká Diniz, Rodrigo Branco, Josiel Vaciski, Joaquim José Reis, Liliana Reis, Alan Rodrigues, Edson Marinho, Fábio

PÁGINA 67

Ruiz, Eduardo Pavone, Patrick Cabral, Fabiano Prata, Ronaldo Aparício, Tiago Felix, Mauro Lopes, Cleiton Pinheiro, Renaldo Lopes, Gilberto Silva, Leandro Hassum, Ronaldo Jacaré, Valdir do Carmo, Cristiana Kenj, Silva Kenj, Cesare Casalli, Helaine Casalli, Enrico Cariani, Rafael Appenin, Daniel Arantes, Jouber Dias, Karina Hassum, Roberta Abreia, André Valadão, César Albuquerque, Gabriel Pincel, Fábio Ruiz, Maristela Rocha, Mauro Klen, Larissa Manoela .

Nenhum homem caminha sozinho, nem constrói nada sem a ajuda de pessoas. Todos vocês e muitos outros, me ajudaram a chegar até aqui. Gratidão. E um agradecimento muito especial a Eranete Silva, que há 6 anos cuida dos meus filhos e da minha família, com muito carinho e na verdade já faz parte da minha família. Amamos você, Nete.

Quero deixar um agradecimento especial para este grupo, que foi o primeiro a acreditar no meu projeto de mentoria.

Minha primeira turma de mentorados: Alan Cavalcante, Sabrina Bessa, Carlos Silva, Marcio Vital, Dênis Antônio, Vinícius Mello, Patrick Alievi, Rone Barcelos, Felipe Lima, Patric Cabral, Rafael Sansão, Gabrielle Ethienni. E, ao Wanderson Scopel que foi o primeiro a fechar um contrato de mentoria, acreditando muito em mim, que sem assinar qualquer contrato, pagou pelo meu curso e mentoria a quantia de R$52,000.00.

Em memória minha avó, Carlota Lima, saudades eternas.

PREFÁCIO TIAGO BRUNET

Morar em outro país é o sonho dourado de muitos. Quantos livros e filmes contam a história de alguém que saiu de casa, foi morar em outro país e encontrou a felicidade? Muitos. Parece uma empolgante aventura, mas, na verdade, é um grande desafio. A realidade não se parece com a ficção. E nem estou falando dos casos de pessoas que passam aperto para buscar uma vida melhor lá fora, pois as dificuldades se apresentam até mesmo para quem tem uma estrutura bem montada à sua espera ou uma conta bancária recheada.

Quando uma pessoa chega a um novo país para morar, ela se depara com três pontos que podem transformar o sonho dourado em pesadelo: conflito de emoções, necessidade de se adaptar a uma nova cultura e de criar um novo cotidiano.

Além disso, precisamos considerar que 85% das pessoas que emigram, ou seja, deixam seus países para viver em outro, fazem essa opção para tentar melhorar a vida financeira. Acontece que dinheiro é um tesouro que está escondido em um lugar e para encontrá-lo você precisa de um mapa. Sim. Um mapa, como nos filmes de piratas. Sem esse mapa, você não consegue chegar onde está o verdadeiro tesouro.

Quando morei nos EUA, tive o prazer de conhecer o Bruno Avelar, que me ajudou apresentando esse mapa do tesouro. Os conselhos e informações que Bruno possui foram importantíssimos para que minha família, para que tivesse uma boa adaptação na América, evitasse erros e multiplicasse momentos de alegria. Ele é especialista em imigração, mestre em *networking*, e foi responsável por me apresentar muitas pessoas nos EUA. Algumas delas estarão comigo por toda a vida.

As linhas escritas por Bruno Avelar neste livro são esse mapa do tesouro que todo imigrante precisa ter. Tenho certeza de que vai te acrescentar valor e otimizar seu tempo.

Quero te deixar três dicas:

E a primeira é não emigre sem ter um "mapa". Você precisa de um plano, precisa saber onde estão as coisas, como elas funcionam.

A segunda é tenha certeza da sua motivação. Por que você está emigrando? Por que decidiu viver em outro país?

Muitos tomam essa decisão porque querem fugir de problemas. Só que, em muitos casos, o problema vai junto, dentro da pessoa. Mudar-se para os EUA ou para a Europa, por exemplo, não vai livrar ninguém da depressão, da tristeza, da decepção. Porque esses males estão dentro da pessoa. Para cada problema há um remédio apropriado.

Confundir as soluções só aumenta a dor

A terceira dica é um conselho que quero te dar, viva em comunidade. Quando você emigrar, coloque na sua rotina o convívio com conterrâneos e com pessoas no país para o qual você está se mudando. Essa vida em comunidade é fundamental para reduzir os riscos do caminho. Talvez, por isso, muitas pessoas que emigram acabam se convertendo ao cristianismo. Pois a igreja é uma comunidade que dá, entre outras tantas coisas, proteção e sentimento de pertencimento. Em ambientes assim você se sentirá em família e terá acesso a informações que demoram a chegar a estrangeiros, como dicas para emitir documentos, encontrar lugares em conta e facilitar o dia a dia.

PÁGINA 67

Aperte o cinto.

A viagem pelo conhecimento vai começar!

Tiago Brunet

Autor Best-seller

Mensageiro das Boas Notícias

@clubedeinteligencia

Fundador do @institutodestiny

SUMÁRIO

PÁGINA 67

UMA LIÇÃO DE VIDA

Certa vez, um dos meus mentorados me questionou o porquê ele precisaria se planejar tanto para migrar de país, principalmente, porque contei minha história de como fui para Portugal sem qualquer planejamento.

A resposta foi simples. Quando fui para Portugal, 17 anos atrás, eu não tinha nada a perder. Não tinha família, era um jovem cheio de sonhos com uma mala vazia, e com um mundo pela frente para desafiar. Porém, uma pessoa, com aproximadamente 50 anos, não pode mais se dar ao luxo de se arriscar e errar em suas decisões, tendo resultados que colocariam em risco o futuro de seus filhos.

O mentorado então, cheio de dúvidas em relação a minha mentoria, disse que passaria aquela oportunidade, negando em fazer meu curso. Mas, eu sabia que ele precisaria de ajuda e sua objeção não o levaria a lugar nenhum, além de sua objeção ser falsa, eu ainda me preocupava com o perfil daquele homem, e sabia do risco que ele correria em imigrar sem nenhum auxílio.

Eu liguei para ele, inconformado e disse:

— Vamos fazer da seguinte forma:

Faço sua mentoria e te dou 12 meses para pagar. Se eu resolver o seu problema, você me pagará no final, caso contrário, você não irá me dever nada!

Ele topou nosso acordo e no final dos primeiros 4 meses, ele resolveu pagar o valor integral da mentoria, dizendo que estava muito satisfeito com todo aprendizado e tinha certeza, que se não fosse por mim, teria trilhado um caminho totalmente errado.

Obrigado Márcio Vital, por me ajudar a executar o meu propósito.

Entenda, você precisa aprender a diagnosticar o verdadeiro porquê de um não, tendo em consideração que 90% das objeções são falsas.

Mas se você tem autoridade para vender, conhece e acredita no seu produto e serviço, cabe a você descobrir a verdadeira dor e significado que leva aquele cliente a te dar um não. A partir daí você tenta reverter, e mesmo que não tenha sucesso naquele momento, lembre-se sempre desta lição:

PÁGINA 67

Venda é vínculo, com o tempo você irá entender de quantos não precisará para obter um sim; então sabendo disso, você enfrentará melhor as negativas.

Nunca quebre uma CONEXÃO feita, um vínculo criado. A venda pode não sair naquele momento inicial, mas um dia ela acontece, não importa o tempo.

Seja resiliente, não descarte ninguém do seu relacionamento, respeite o tempo do seu cliente, do seu parceiro, para que o negócio aconteça da melhor forma e na hora certa, algum sim pode levar meses ou anos, mantenha o vínculo.

Por fim, seja a sua melhor versão, principalmente para sua família. Cuide da sua saúde e valorize coisas importantes e não as materiais.

A única pessoa com quem você deverá competir é com você mesmo.

“

Assim, seja hoje, melhor do que ontem.

Bruno Avelar

DE ONDE TIREI MINHA FORÇA

Eu nasci e me criei na grande Belo Horizonte, no fim do verão de 1985, quando as águas de março já davam adeus ao calor escaldante da capital mineira.

Eu sou o mais velho de três irmãos homens, de uma família que sofreu muito por não ter muitos recursos e sempre lutou muito para sobrevivência.

Eu costumo dizer que minha jornada como empreendedor, líder e até mesmo sabendo o que eu já queria ser quando crescer, começou exatamente nesta época.

Vou explicar o porquê.

Meu pai, Wellington Alves, trabalhava no Banco Credi Real, iniciando sua carreira como engraxate e terminou como gerente após 16 anos, quando infelizmente foi demitido.

Sua demissão ocorreu pelo fato dele ter pago um cheque da Mendes Jr., que após a Guerra do Golfo, não teve condições de honrar com o caixa e acabou causando um prejuízo financeiro ao banco.

Após isso, ele ainda tentou empreender em diversos negócios, sem sucesso, o que acabou culminando em uma grande mudança em nossas vidas.

Minha mãe, dona Elaine Avelar, que não trabalhava fora, mas cuidava da casa, do marido e dos três filhos, pegou todas as economias da família e comprou um lote na cidade de Santa Luzia, em Minas Gerais e construiu uma casa bem humilde de apenas dois cômodos para nós cinco.

Meu pai que vendia produtos derivados de laticínio se tornou taxista para dar um sustento a nossa família, já que mesmo após tanto tempo de emprego, a rescisão não deu para quase nada, após vários negócios fracassados.

A vida durante esse período não foi nada fácil, apesar de eu nunca perder a esperança. Recordo bem que não tínhamos água encanada, luz ou qualquer infraestrutura de uma moradia.

Era tudo confuso, estressante e de bem pouca possibilidade, principalmente para minha mãe que cuidava de nós. Esquentávamos água em caneca para tomar banho e manter a higiene básica. Para dormir, ficávamos sempre amontoados e lazer era quase nenhum.

PÁGINA 67

O desespero maior era quando chovia, pois, a kombi que enchia os tambores de água não chegava até a nossa casa, então nossa única solução era recorrer às bicas que formavam em meio às montanhas, onde enchíamos alguns baldes para cozinhar, atender as nossas necessidades e da casa. Porém, apesar da água limpa, ficávamos dias cheirando lodo.

Para que eu pudesse chegar à minha escola, eu tinha que andar mais de 35 minutos em ruas de terra, já que no local não havia asfalto.

Lembro-me bem de certa vez, quando estava na 4ª série, com mais ou menos 9 anos de idade, minha mãe me levar para a escola com alguns queijos Minas na bolsa, bastante constrangida, como forma de se desculpar por não ter condições de comprar o material escolar, e agradecer a ajuda que a escola nos dava.

Foi neste momento que percebi que precisava fazer algo para ajudar minha família.

Aquilo não poderia continuar.

PÁGINA 67

CAPÍTULO 01

O CAMINHO E O PROPÓSITO

Diante de toda a dificuldade que eu vivia e via minha família passar, eu me sentia infeliz, desesperado e muito frustrado.

Além de muito sofrimento minha mãe vivia muito estressada, já que precisava cuidar de tudo sozinha, enquanto meu pai trabalhava à noite e descansava durante o dia. Foram 10 anos que dona Elaine se desdobrava em muitas, para dar conta de 3 meninos, com toda a dificuldade que passávamos. Não havia televisão, computador, luz, videogame. Não havia nada para se distrair, então seu único foco era superar o sofrimento, o que muitas vezes não era possível.

Assim, diante do estresse, irritação e cansaço, minha mãe batia com as portas, xingava e reclamava muito durante o dia, inclusive com a correia percorrendo as pernas dos meus irmãos.

Hoje, eu até consigo entender que era uma realidade completamente diferente, que não havia como minha mãe ser doce e gentil, diante de tanta amargura que a vida lhe dava.

Mas isso me gerou meu primeiro gatilho, causando um trauma emocional. Até hoje, se escuto algum barulho semelhante ao bater de porta, mesmo que seja de armário, carro, etc., eu tenho uma sensação ruim.

Ao longo da minha vida procurei profissionais, como psicólogos e psiquiatras para me tratar e essa ajuda de especialistas foi essencial para me tornar quem sou hoje.

Não queira culpar seus pais, ou compará-los a quem você é hoje, lembre-se que eles podem não ter tido a mesmo estrutura, conhecimento e sabedoria que você tem hoje, é injusto julgar quando os parâmetros são diferentes, e sua realidade atual não condiz com a do seu passado.

No primeiro mês que passamos em Santa Luzia, sem me conformar com aquela situação, acabei fugindo de casa e indo de ônibus, sozinho, para a casa da minha avó Carlota Lima, já que lá, eu tinha lembrança de muitos momentos. E muito mais conforto.

Não importa o momento que você está vivendo hoje, sua situação atual não define quem você é.

Ela sabiamente me perguntou:

— Meu neto, o que faz aqui?

— Não quero viver naquela casa sem luz, sem água...

— Respondi chorando.

Então, ela me aconselhou:

— Meu filho, este é o momento que seu pai mais precisa de você. Volte para casa e ajude a sua família. Isso vai passar, minha avó criou 8 filhos, em condições muito piores.

Ligamos para o meu pai, que foi me buscar de táxi, naquela mesma noite.

PÁGINA 67

Voltei para a casa e já na escola, resolvi mudar minha postura e começar a arranjar formas de melhorar aquilo tudo, percebendo que tudo dependia só de mim.

Logo no primeiro dia de aula, me deram o apelido de "Bruno BOY", porque eu me vestia, me comportava e tinha todo o jeito de um menino Zona Sul.

Eu não pertencia àquela realidade, então era difícil não me destacar por estas características.

E aquilo que poderia ser considerado um *bullying* para muita gente, para mim pareceu uma oportunidade, e dessa fama comecei a tirar proveito.

Assim comecei a desenvolver o dom do *networking* e forte capacidade de criar conexões que me abririam portas em todos os campos da minha vida, mesmo começando tão pequeno e talvez nem entender bem o que eu fazia. Mas, fato era, eu tinha plena convicção que iria fazer a diferença.

Com o meu jeito, passei a me relacionar com todos do colégio, sem exceção, que frequentei por 3 anos. A minha escola era estadual, chamada Hose Has Klabin e lá eu era amigo dos alunos, profissionais administrativos, professores e diretores.

PÁGINA 67

Neste período era considerado "influente", além de muito bem relacionado. Fui chefe de turma, sempre fui líder em todas as competições e ganhei todas as gincanas e feiras de culturas da escola. Os professores me adoravam e assim, eu ia conquistando meu espaço.

Eu ia às festas, reuniões e confraternizações que nenhum outro aluno comparecia e tudo isso pelo comportamento respeitoso e empático com todos.

Eu percebia que na verdade eu tinha um dom de comunicação, criar conexões e liderança e uma enorme capacidade em circular em todas as tribos.

Mas infelizmente, nem tudo eram flores. Havia aqueles que não aceitavam o fato de eu ser alguém de amplo relacionamento, ou seja, o centro das atenções, e em um certo dia, uma gangue de rua me espancou para tentar me tirar de circulação. Mas mesmo assim eu não desisti.

Não se esqueçam de uma grande lição sobre esta passagem da minha vida. Eu não tinha absolutamente nada, apenas a minha comunicação, minha liderança e minha postura, meu comportamento era notável para um adolescente daquela idade.

Você pode até estar surpreso, pensando em como eu era novo e já tinha que pensar nisso, mas era algo natural, na verdade, era como se eu estivesse apenas aflorando a minha essência e antecipando o profissional que eu queria ser.

Com menos de 15 anos eu já estava organizando festas na escola, tanto para alunos como para os professores e tudo era um sucesso, apesar de não trazer qualquer rentabilidade para mim e minha família. Eu ganhava cada vez mais destaque, e era hora de mudar de ares.

ÀS VEZES É PRECISO MUDANÇAS GEOGRÁFICAS, ELAS POTENCIALIZAM O SEU DOM.

Quando me formei no primeiro grau, sentei-me com meu pai e expliquei que precisava de uma ajuda dele; na verdade, um sacrifício financeiro, para poder mudar de escola, pois ali não daria mais para mim, aquele universo tinha se tornado pequeno demais para o que eu queria e essa mudança seria boa para todos nós.

Ele prontamente me apoiou e disse que faríamos o que fosse preciso para eu vencer. Foi tudo sofrido. Era difícil conseguir vale-transporte para ir para a escola e meu PAI trabalhava 7 dias por semana, à noite toda, no táxi para sustentar a família e ainda pagar as diárias do carro.

Mesmo assim, a geladeira nunca esteve cheia, a água ainda não era encanada e tudo era conseguido com abstenção de outras coisas. E isso me gerou o segundo gatilho: "A ESCASSEZ" como a obesidade na vida adulta, já que quando realmente mudei de vida, não queria mais viver àquela dura realidade e comer era realmente um luxo e isso gerou compulsões. E somente com a psicanálise que me curei e aprendi a viver com essas lembranças, e entender que o poder de compra pode te prejudicar quando você não está preparado para lidar com o acesso que o dinheiro pode te dar.

Então, fui estudar na melhor escola da cidade, no ponto alto de Santa Luzia, no colégio Geraldo Teixeira da Costa, onde comecei novas conexões e a melhorar o meu trabalho de organização de festas.

Para vocês terem ideia de como aquilo tomou uma grande proporção, antes de completar 18 anos, eu já chamava atenção de vereadores e do prefeito da cidade, pela magnitude e sucesso que meus eventos alcançavam.

O ano era 2001/2002 e eu já contratava a dupla César Menotti e Fabiano por apenas R$ 400,00. Anos antes do estrondoso sucesso que vieram a fazer.

As festas começaram a crescer e estava no auge da procura para organizar o meu maior evento em Santa Luzia, até que decidi fazer uma na rua direita da cidade, mesmo que tivesse que enfrentar os moradores, que não permitiam mais festas no centro histórico da cidade.

PÁGINA 67

Me chamavam de louco, pois até o prefeito da época, Carlos Calixto, não tinha conseguido tal feito.

Sem me dar por vencido, bolei toda uma estratégia para conseguir fazer o evento, onde todo o dinheiro arrecadado com a venda dos ingressos seria doado para a igreja matriz.

Fui falar com o pároco da cidade, contei meu plano de fazer uma festa de 4 dias na rua direita da cidade e ele imediatamente me mandou embora. Até que falei:

— Todo valor do faturamento da festa será doado para a paróquia.

Ele mudou o tom e me mandou entrar e tomar um café. E naquele momento eu passava por mais uma prova em minha vida. Ele me assediou e consegui logo me esquivar, não permitindo que ali acontecesse algo grave comigo.

TER PRINCÍPIOS APENAS NÃO TE GARANTE SUCESSO, POIS NO MUNDO EXISTEM PESSOAS QUE NÃO TÊM CARÁTER.

Eu, tão novo, aprendia muito com a vida e via que boas conexões abriam portas. Boa postura, ótima comunicação e comportamento adequado levam sua vida a outro patamar, mas que há, sim, muito interesse, falsidade e inveja, de lugares que você nem imagina.

E mesmo diante daquele assédio e lidar com aquela situação absurda, eu não desisti e fiz com que o evento acontecesse, superei tudo e segui em frente, decidi não me fazer de vítima. Ele até se prontificou a me ajudar e perguntou o que poderia fazer. Pedi para que ele ligasse para o prefeito solicitando um palco, luz, som e segurança da polícia e defesa civil, de todo o resto eu cuidaria e assim fiz.

Fui à Câmara de Vereadores e solicitei ao plenário que aquele espaço fosse o camarim dos artistas e imediatamente foi aceito.

Não havia algo que eu tentasse que eu não conseguisse! Tudo com a minha comunicação e a postura ao conversar e abordar aquelas pessoas.

Foram simplesmente 7 mil pessoas por dia, mais 32 mil durante todo o evento, 12 bandas, rua para lazer durante o dia e campeonato de som automotivo, e shows durante a noite. E assim, eu fiz o maior evento privado em área pública que aquela cidade havia visto e a maior festa da minha vida, até aquele momento.

Diante daquele sucesso estrondoso, fui convidado a ser candidato a vereador da cidade por um partido com muita relevância na época, mas não demorou muito para eu descobrir que, na verdade, eles queriam aproveitar da minha imagem, fui boicotado pelos próprios integrantes durante a convenção, já que eu era o mais novo candidato da história e pelas pesquisas seria o mais bem votado. Apesar de ser uma ótima campanha, esse sucesso não interessava na época nem ao presidente e nem à tesoureira do partido, porque a legenda teria apenas duas cadeiras e eu certamente ocuparia uma delas. Além disso, o atual vereador, daquele partido da época, perderia seu título de mais novo vereador eleito na cidade daquele tempo, eu só servi de picadeiro para se propagarem e fui descartado após extraírem os benefícios que lhes interessavam.

Acredito que a graça de Deus sempre esteve comigo, a abertura de portas e obstáculos causados por aqueles que não aceitavam que alguém tão novo poderia ter a capacidade de realizar como eu tinha. Mal sabiam tudo que eu passava e como eu ressignificava cada sofrimento em superação, como um palhaço de circo, eu fazia de cada dor uma piada, e de minhas amarguras minha combustão para continuar seguindo.

Como em todas as experiências na vida, sempre tirei lições positivas e segui meu caminho calejado, sofria sozinho e chorava calado, sabendo que estava ali cumprindo meu deserto, que um dia haveria de chegar ao fim. O evento que fiz na cidade pode não ter me levado para a Câmara de Vereadores como meu pai sonhava, mas fez parte do processo de aprendizado que mais tarde me abriu portas que nenhum dinheiro comprava.

Com aquele vereador que só queria aproveitar da minha imagem e tirar vantagens dos meus relacionamentos, eu também acabei por aprender muita coisa, que nos dias de hoje ainda me servem como lição.

O primeiro convite veio logo após eu ter sido eliminado na convenção do partido, recebi uma ligação do atual prefeito, que de seu escritório em uma de suas empresas me ligou convidando para um café e já sabia que eu não seria candidato. Fui direto para lá e recebi a proposta para ajudar na campanha de seu candidato a prefeito, uma vez que ele cumpria seu segundo mandato e não podia mais se candidatar, a missão era cuidar dos eventos da campanha, ruas de lazer, shows e comícios, e se ele ganhasse em troca eu receberia um cargo na prefeitura na secretaria de eventos ou no Mega Space, o maior centro de Eventos do Brasil da época.

Mesmo com apenas 17 anos eu cuidava de tudo. Só pensava em entregar o meu trabalho com qualidade e fazer o que me fosse pedido da melhor forma possível. Eu via outros funcionários com o dobro de idade e que não atingiam 50% do que eu fazia, muito pelo contrário, apenas incomodavam o prefeito. Até que um dia, ele convocou todos que estavam na campanha em uma reunião no auditório e mostrou a todos que eu, com pouca idade apenas levava soluções e o restante só problemas e pedindo que todos se espelhassem em mim. E assim, meus problemas começaram. Todos se viraram contra mim.

PÁGINA 67

É aquela premissa que já falei para vocês, o sucesso de um incomoda muitos. Não há o entendimento que o sol pode brilhar para todos. Mas, apesar de doer, não dei importância, continuei minhas entregas e ganhamos a eleição.

"

Não importa quão bom você é, o simples fato de você fazer mais ou melhor irá incomodar quem nada faz.

Bruno Avelar

Após aquela experiência, resolvi assumir a vaga ofertada, anteriormente, no Mega Space e logo no início produzi o meu primeiro megaevento. Foi um rodeio de 4 dias, com Bruno e Marrone, Babado Novo e Gino e Geno. Eu tinha que preservar os interesses do prefeito Calixto, e foi um grande desafio. Eu, novo, estava começando a lidar com grandes tubarões e quase fui engolido, mas novamente, olhava para trás, lembrava tudo que já tinha vivido e mais uma vez só tinha que ser resiliente.

PÁGINA 67

Nessa época trabalhava também como maquiador e cabeleireiro em Belo Horizonte, em um salão de beleza da cidade, além de participar de alguns eventos de moda como maquiador. Então, eu conciliava a organização do evento com a escola e com meu trabalho. Era uma luta sem fim.

Há uma passagem importante aqui, que preciso contar para vocês!

O dinheiro que ganhava como maquiador nos desfiles e produções de *books,* mal dava para comprar produtos de maquiagens. Através de um amigo, Gil Marciano, um conceituado maquiador e cabeleireiro de Minas Gerais na época, consegui ocupar uma vaga em um renomado salão de beleza na zona sul de Belo Horizonte. Os sócios haviam investido 2 milhões de reais para reformá-lo e eu fui contratado como gerente, já havia sido apresentado a eles como o maquiador das estrelas.

Porém, eu já tinha fracassado em três salões de beleza, e neste acabei errando o cabelo de alguns clientes, também perdendo essa chance.

Não importa o quanto você sabe ou acha que sabe! Respeitar o tempo de processo para chegar ao topo é fundamental para que quando você chegue lá, esteja completamente preparado. Aprendi na marra,

que chegar ao topo pulando etapas é fácil, o difícil é permanecer por lá quando você não tem, AINDA, as qualificações necessárias.

Não cometa este erro; pegar atalhos não faz ninguém chegar a algum lugar mais rápido, só faz chegar de jeito torto e isso pode te custar caro.

Faltava-me dinheiro, roupas de grife, sapatos e até boa maquiagem para fazer o meu trabalho. Eu era convidado para as festas e não tinha como me apresentar. Então, parentes e amigos foram os que me emprestavam algum dinheiro, para que eu pudesse estar nesse meio e fazer minhas conexões.

Mais à frente vou explicar o quanto isso era importante e, não se tratava de luxo ou vaidade.

Eu vivia endividado, porque ou eu pagava o preço para estar nos lugares certos com as pessoas certas ou mais uma vez eu veria um esforço ir em vão. Eu aparecia a pé, de ônibus, mas sempre com boa apresentação. Naquele mundo, como dos negócios, o comportamento e postura eram essenciais para ter aceitação.

Você é o seu próprio cartão de visitas!

Nos dias de hoje quando você conhece alguém, ele pergunta logo qual é seu instagram.

Através das suas postagens, você é aceito ou cancelado.

Cuidado com o que você posta nas suas redes sociais, ninguém precisa saber o seu tamanho.

Bruno Avelar

PÁGINA 67

A partir deste primeiro olhar é que você começa a estabelecer o respeito, admiração e o conhecimento dos outros. Mas um primeiro passo precisa ser dado.

Durante todo esse período, meu pai foi fundamental. Ficou muitas vezes sem pagar a diária do táxi para que pudesse me levar e buscar em eventos onde eu fazia questão de estar presente, eu sabia que pessoas que poderiam mudar o meu futuro poderiam estar ali.

Mas até que um dia ele me disse:

— *"Eu não consigo mais. Eu não tenho mais como pagar suas contas! Você precisa dar um jeito".*

Mesmo com tanto esforço, tanto meu como dos meus pais, a situação parecia só piorar, vivia uma vida na busca por uma oportunidade maior, mas as coisas só pioravam, minha aparência jovem não trazia credibilidade, minha ânsia de vencer e pular etapas só me atrapalhava, mas eu não tinha maturidade suficiente para avaliar desta forma.

PÁGINA 67

“

Juventude e sabedoria não caminham juntos.

Bruno Avelar

Foram 4 anos trabalhando muito, dando o máximo que eu podia do meu suor, mas eu tinha plena convicção de que eu tinha ultrapassado uma barreira, que eu era novo demais para ter feito tudo o que fiz. Então, após tanto sofrimento e luta, resolvi me mudar de país, decidi ir para Portugal.

Todo aquele universo, assim como Santa Luzia não tinha mais estrada para eu caminhar. Eu já tinha passado por muita coisa e aquele mundo era pequeno demais para tudo que eu queria, podia e sabia que tinha a ser e fazer.

Eu trabalhava muito, fazia muita coisa ao mesmo tempo, e não tinha algo muito importante chamado FOCO.

Tinha chegado a hora de mudar!

PÁGINA 67

Aos 15 anos como maquiador em eventos

Com Cesar Menotti e Fabiano em Santa Luzia

PÁGINA 67

Apresentando eventos em Santa Luzia

CAPÍTULO 02

FAZENDO AS MALAS (PORTUGAL)

Pude realizar todos os sonhos do meu pai, desde conhecer a Inglaterra até morar no exterior, como ele sempre quis. Meu desejo de ter uma vida, além das fronteiras brasileiras, partiu dele.

Ele, que sempre foi um apaixonado pelos Beatles, viu através dos seus próprios olhos a Liverpool onde os Beatles começaram, assim como um show em frente ao palco do Paul McCartney.

PÁGINA 67

Acho que realizei todos os sonhos do meu pai!

A Bíblia diz: ***Honrar teu pai e tua mãe em vida para que sejam prolongados seus dias na Terra.***

Êxodo 20:12

O mesmo fiz com minha mãe. Ela já conheceu alguns países comigo e tive a oportunidade de reformar toda sua casa, e junto com meus irmãos lhe comprar o primeiro carro.

Hoje sei que posso proporcionar algo novo aos dois.

Durante um período da minha vida vi meu pai tentar de tudo para cruzar as fronteiras e ir morar e trabalhar nos Estados Unidos, mas nunca conseguiu o visto, dinheiro e oportunidades concretas.

Presenciei um dos nossos vizinhos, Antônio, conseguir ir, enviando as coisas para o Brasil, com sucesso. A família dele mostrava fotos, comprava carro e aquilo ficava na minha cabeça.

Outro tio meu também morava fora, inclusive ele chegou a morar em Macau e depois Portugal e eu via, através das notícias, fotografias que ele tinha boa condição. A casa dele era diferente, sua estrutura e até mesmo sua postura. Eu me espelhava nisso. Eu, na verdade, sabia que precisava ser parecido para ter uma vida melhor e, principalmente, que eu tinha capacidade para aquilo.

Então, saturado de tanta pobreza, resolvi ir sozinho, aos 20 anos, carregando apenas coragem nos bolsos, para o exterior. Eu não via mais solução para a minha vida.

PÁGINA 67

Recordo bem que, quando tomei essa decisão, entrei na sala do prefeito Calixto e informei a ele que iria embora. Ele disse para eu não ir, principalmente para os Estados Unidos, dizendo que eu ia trabalhar muito e não seria valorizado. Nessa hora ele me ofereceu vaga de emprego na Mega Space, na prefeitura e dizia que eu estava no auge, que eu poderia crescer muito.

Lembro que ele era totalmente *workaholic.* Dormia em um quartinho do trabalho para ser o primeiro a chegar e o último a sair; e naquele dia me mostrou um quadro, com ele novo, em pé, em um balcão, com uma lona atrás.

— *Sabe o que é isso? Foi quando eu comecei. Eu tinha essa lojinha e atrás desse pano morava minha família. E olha onde eu cheguei até hoje. Eu construí um império. Se eu consegui, você também consegue, e não precisei sair do Brasil.*

Mesmo com tão pouca convivência, Calixto me ensinou muito e foi no empenho dele que me espelhei em ser uma pessoa melhor.

Apesar dos convites para trabalho, eu estava destinado a sair do país e não abria mão desta ideia, que só vinha amadurecendo.

Meu pai me apoiou muito na época e para me ajudar trabalhava exaustivamente para me dar um pouco de dinheiro, mas como era demasiadamente pouco, foi comigo a um amigo dele, o Binha, pedir algum valor emprestado. Como ele não tinha em espécie, para não nos deixar na mão, nos emprestou uns recebíveis em cheques, que deveríamos trocar com um agiota, o que deu em torno de 700 euros.

PÁGINA 67

Minha tia Vera Lúcia (*in memoriam*) foi quem nos ajudou com a passagem, parcelando o valor.

Eu havia escolhido Portugal porque não havia a exigência de visto de entrada para brasileiros, então eu já tinha uma barreira quebrada, mas eu não sabia as tantas outras que eu, ainda, enfrentaria e, é neste momento que começo a adquirir toda uma experiência para ser quem sou hoje e, assim, fazer pelo outro, por aqueles que estão iniciando esta mesma jornada, que iniciei há quase 20 anos.

Recordo bem que a dona da agência onde compramos a passagem, dona Graça, me falou assim que me entregou o bilhete da Ibéria:

— Filho, a vida lá fora não é fácil, você vai sofrer muito! Só quero te pedir uma única coisa: Não confie em brasileiros.

Foi uma martelada na minha cabeça. E junto desta mensagem embarquei para a minha primeira viagem internacional, com uma mala de 5kg apenas, com esperança em uma estrada, que ao olhar para trás hoje, vejo que foi de muitas dores e superação.

Não foi nada fácil e tudo que contarei aqui, serve de experiência para todos que querem enfrentar esse longo caminho. Eu conto essas histórias aos clientes que buscam pela minha mentoria, para que a primeira coisa que preparem seja o emocional e o psicológico, pois é através disso que o restante é conduzido. E, principalmente, nunca deixem de se planejar.

PÁGINA 67

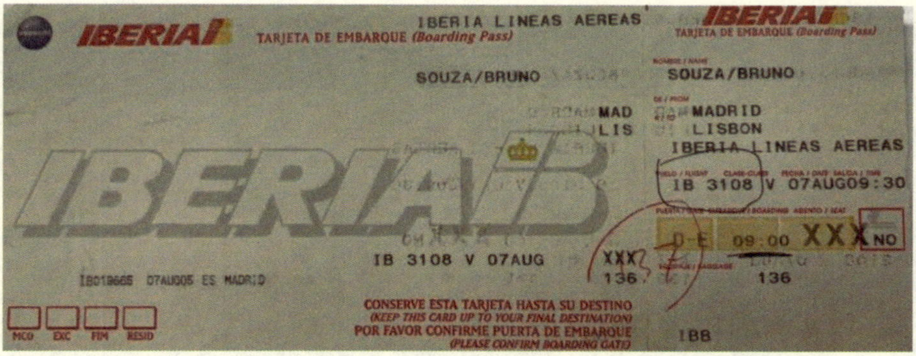

Passagem de Brasil a Portugal, minha primeira experiência no exterior

Bruno e seu irmão Rafael Avelar na cidade do Porto em Portugal em 2006

Chegada no Porto, Portugal 2005

Estúdios da SIC Televisão Portuguesa

PÁGINA 67

Lisboa – Portugal

PÁGINA 67

Meus pais e meu irmão

CAPÍTULO 03

CONEXÕES MADRID - LISBOA

Assim que cheguei a Portugal fui detido pela Polícia local no aeroporto mesmo, quando pegaram minha mala, passaporte e me colocaram numa sala. Lá, fiquei algumas horas sentado e tranquilo. Sabia que somente uma intervenção divina me tiraria dali, nada mais eu poderia fazer.

“Quando você está em uma situação onde não há nada que se possa fazer, significa que você está no lugar perfeito para o milagre de Deus acontecer.”

Pastor Antônio Cirilo

E assim foi! Fizeram uma troca de turno e um agente da SEF (Serviço de Imigração e Fronteiras) me viu sentado ali e perguntou o que eu fazia. Apenas respondia que tinham levado minha mala e passaporte e não sabia. Ele retornou com minhas coisas e me liberou. Até hoje não sei por que isso aconteceu. Talvez para me preparar para todas as provações que, talvez, eu ainda passaria e, ter a certeza de que eu não podia perder a minha FÉ e nem a minha CALMA!

Como eu ainda estava em completo choque, sem acreditar no que tinha acontecido, saí daquele lugar correndo. Fui direto para a estação de táxis, mas logo de cara me deparei com uma série de carros da marca Mercedes. Eu não poderia gastar com aquilo. Eu tinha que fazer milagre com 700 euros apenas e não poderia desperdiçar com transporte, então fui tentar outro. Mas assim que saí da fila, dei de cara com policiais da segurança do aeroporto e meu único pensamento era de que iam me prender.

Dei meia-volta e entrei no primeiro táxi que vi. Era simplesmente surreal e só pensava em como meu pai teria que viver aquilo e ver aquele carro por dentro.

Uma das primeiras experiências em Portugal já foi horrível, porque a única pessoa que eu conhecia me virou as costas. Era o irmão do meu tio Zênio, que não me ofereceu qualquer ajuda e ainda ligou para a minha família para avisar que o único emprego que eu conseguiria seria de *gogo boy*. Foi apenas um único encontro, para nunca mais. Nem sequer o café que tomamos, ele pagou.

Lembrem-se desta lição que passarei para vocês. Muitos, mas muitos irão lhe virar a cara, irão lhe fechar a porta e talvez, de onde você menos espera, a ajuda virá. Não confie realmente em ninguém, mas também não se feche para as oportunidades.

Fui direto para o meu hotel, onde já tinha uma única diária paga. Lembro até hoje: Hotel Olaias em Lisboa. Eu tinha até às 11 horas do dia seguinte para ficar lá. No momento do check-in a recepcionista me pediu um cartão de crédito, que eu não tinha. Tive que conversar e graças ao meu poder de comunicação, ela aceitou.

PÁGINA 67

Av. ENG. ARANTES E OLIVEIRA, 9
1900-221 LISBOA - PORTUGAL
TEL. (351) 218 434 200
FAX: (351) 218 460 838

ALTIS PARK HOTEL

reservations@altisparkhotel.com
www.altishotels.com

Sr.
BRUNO AVELAR
BRASIL

FACTURA N.º 273354

Nr.Cont. -

Altis Park Hotel, Lisboa, 07.08.05

QUARTO N.º / ROOM N.º 1220
PESSOAS / PAX 1
RES. N.º
PARTIDA / DEPARTURE 08.08.05
CHEGADA / ARRIVAL 07.08.05
Hora: 13:12 Caixa : 1 LC Pág. :1

DATA / DATE	DESCRIÇÃO / DESCRIPTION	DÉBITO / DEBIT	CRÉDITO / CREDIT
07.08.	Apos./Room #	54.00	
07.08.	Cash #		54.00
	Total	54.00	54.00
	Balanc.		0.00 EUR

Total c/IVA = Vat Inc. 54.00 EUR
Valor Líquido = Net Amount 51.43 EUR
IVA = VAT 5.00% 2.57 EUR (54.00)

Reserva do hotel em Lisboa

Eu não podia perder mais tempo e precisava ir à luta, então deixei minhas coisas no quarto e saí para ver o que conseguia. Sem rumo, fui apenas com a coragem para ganhar aquele mundo. Todo o restante tinha ficado para trás.

Nunca liguei muito para estabilidade, sempre gostei de correr riscos! Na minha opinião estabilidade não existe. A vida é o agora, a única certeza que temos é a da morte, e a única incerteza é o QUANDO ela chegará.

Por isso tento, na maior velocidade possível, queimar todas as minhas ideias, pensar fora da caixa, e não ter medo de enfrentar problemas e dificuldades!

PÁGINA 67

O medo é uma ferramenta. Algumas pessoas usam o medo como ferramenta de paralisação, já eu uso como ponderação para avançar.

Primeiro parei na praia dos Cascais, onde tocava uma banda de pagode de brasileiros. Já consegui alguns contatos e voltei para o hotel, sem ter certeza de muita coisa.

No dia seguinte fui caminhar pela avenida Almirante Reis, sem rumo, sem nada e sem saber o que faria, até que me deparei com um grupo de brasileiros, que logo perguntei se poderiam me ajudar. Expliquei toda a minha situação, que havia acabado de chegar ao país e não tinha qualquer expectativa de trabalho e moradia.

Apesar do conselho da dona Graça, foi quem me ajudou naquela noite. Deram-me abrigo e no dia seguinte me levaram para um salão de beleza na Almirante Reis, o salão do Zezé. E foi lá que consegui meu primeiro emprego como cabeleireiro e um lugar para morar. Era um quartinho, nos fundos do salão, que cabia apenas um colchão de solteiro e nada mais.

Apesar das condições horríveis, eu aceitei. Eu já tinha passado por muita coisa em Santa Luzia, então só de ali ter água encanada e quente, já era um luxo.

No meu primeiro dia de trabalho, atendi uma cliente chamada Mônica e após uma longa conversa, ela me convidou para montarmos um negócio juntos, um salão de beleza e me ofereceu uma moradia melhor, na casa dela.

PÁGINA 67

Agradeci ao Zezé pela oportunidade e fui mais uma vez, com a coragem de sempre, atrás daquela chance.

Mônica morava em um enorme apartamento de quatro quartos e eu fiquei com um deles. Com três dias em Portugal, eu já tinha um computador, um violão, um quarto, além de um Fiat Uno para poder fazer as coisas do salão.

Ela e o marido, Jorge, alugavam quartos para brasileiros recém-chegados a Portugal e os auxiliava em certas coisas financeiras. Fomos até estes imóveis, onde eles me apresentaram o Roberto, um gaúcho de 50 anos que me ajudaria a montar o novo salão de beleza.

Durante os dias seguintes, nós dois olhamos diversas lojas e locais para abrir o negócio e nesse interim, Mônica me levou para abrir uma conta bancária no BES – Banco Espírito Santo, na agência Saldanha. Lá ela estava já com um contrato de trabalho para assinarmos e eu poderia então depositar o dinheiro que tinha. Ela aconselhava a não ficar andando com ele o tempo todo.

Fomos atendidos por uma brasileira chamada Ana que fez todo o trâmite. E então, ela me pediu para passar lá na agência, alguns dias depois para poder pegar a senha e a Mônica orientou a enviar para a casa dela, já que eu morava lá. Ana até me alertou que não era seguro, porém, como não vi qualquer problema na hora, autorizei.

Passados uns 10 dias, Roberto me ligou dizendo que todo o seu dinheiro, em torno de 2 mil euros, havia sumido da conta dele. Que ele tinha aberto a conta da mesma forma que eu e enviado a senha para a casa da Mônica, como ela mesma orientou. Foi quando me dei por conta que não havia recebido meu cartão, senha e nem o cartão de crédito.

Liguei imediatamente para o banco e Ana disse que alguém havia sacado tudo e estourado o limite de crédito. Eu estava incrédulo. Comecei a chorar. Voltei para a casa dela, juntei minhas coisas e fui embora. Na rua, ainda parei um policial, avisando que havia sido roubado e ele imediatamente me levou para uma delegacia.

Meu único pensamento era de que meu sonho havia acabado. Eu não tinha mais o que fazer, sem dinheiro, sem nada.

Fizeram-me sentar à sala do delegado e eu chorando sem parar, desesperado, apenas falava que era imigrante e que era para eles me mandarem embora. Ele me acalmou e perguntou:

— O que você veio fazer aqui, menino?

— Trabalhar para ajudar meus pais.

Ele, então, reuniu todos os policiais, que fizeram uma vaquinha e me deram 280 euros. Eu não podia acreditar naquilo. Então, ele me disse que um agente me levaria no comboio para a estação de Santa Apolónia, para que eu fosse para o Porto, já que lá seria mais tranquilo.

E assim, saí de Lisboa e fui para o Porto.

PÁGINA 67

Lembrem-se; suas vontades serão algumas vezes ignoradas, para que seja feita a vontade de Deus.

Não queira entender no momento! Existem coisas que você só irá entender se enfrentar o processo.

Assim que cheguei, parei para tomar um café e perguntei ao rapaz do estabelecimento se conhecia alguém que alugava quarto. Não consegui na hora falar com a senhora dona do local, então fui para uma pensão que tinha quartos a 18 euros. Logo que entrei, me deparei com um rato morto, mas estava feliz por ter um lugar para dormir com chuveiro quente.

No dia seguinte, consegui falar com dona Fernanda, uma costureira, que sem perguntar nada de onde eu tinha vindo, me ajudou, me oferecendo um quarto e comida. Após dormir, pelo menos uma noite mais tranquila, acordei com aquela senhora abrindo as cortinas e falando: *Acorde, vamos procurar um trabalho para você!*

Naquele começo fiz de tudo. O primeiro local foi vendendo colchão da Nasa, que abandonei no primeiro dia, pois descobri que era um local para aplicar golpes em idosos. Depois fui copeiro em um restaurante, além de vendedor de peças de carros e mais diversas formas que eu pudesse juntar dinheiro e voltar ao meu ramo de trabalho. Era tudo muito difícil, mas consegui.

Comprei alguns equipamentos e fui trabalhar em um renomado cabeleireiro de Portugal, Joaquim José Reis, onde além de um trabalho, encontrei uma verdadeira família.

PÁGINA 67

Tanto ele, como sua esposa Liliana, me acolheram. Viajamos muito e com eles aprendi demais. Tive a oportunidade de maquiar em grandes eventos de moda e para a televisão portuguesa.

Foram 4 anos de muito trabalho e onde fiz muitos contatos e conexões. Entre eles, alguns bem importantes, como do Bruno Santos, que é meu amigo até hoje e foi quem apresentou minha esposa, Cláudia Avelar.

Trabalhei em alguns salões e projetos de moda, comprei um apartamento, recebi a visita da minha mãe, que veio conhecer o país, ajudei meu irmão Rafael a vir para Portugal, mas ele não ficou por muito tempo, mas voltou para o Brasil decidido a aprender uma profissão e hoje tem seu próprio negócio.

PÁGINA 67

Até que chegou o dia que, assim como em Santa Luzia, Portugal havia se tornado pequeno para tudo que eu ainda queria alcançar.

Então, em 2008, resolvi me mudar para Londres!

Mas antes de contar essa história, vou deixar aqui algumas lições importantes sobre esta passagem da minha vida, principalmente para aqueles que estão começando ou pensando em fazer esta caminhada.

- ✓ **Portugal é o melhor país para se morar, desde que você já esteja estruturado para chegar lá, com algumas coisas organizadas;**
- ✓ **O povo português é de extrema empatia, solidário e maravilhoso de se conviver, porém nunca se deve baixar a guarda para os cuidados. Vejam o que a Mônica fez comigo;**

PÁGINA 67

- ✓ **A cultura portuguesa é calorosa e muito fácil para se adaptar;**
- ✓ **É um país cheio de oportunidades, se você estiver com disposição para trabalhar;**
- ✓ **Os que menos me ajudaram foram os brasileiros. Parece que não há união em nosso povo.**

Você que já viveu algo semelhante, está vivendo todo esse processo ou está planejando sua migração, precisa estar preparado para todas as etapas e principalmente ter a consciência de que a realidade nunca é contada. O seu foco tem que ser na dor, pois sabendo tudo que poderá acontecer, você se estrutura para se precaver.

Vocês lembram quando eu falei que era preciso estar estruturado emocionalmente? De alguma forma, eu fui forjando o meu emocional e me preparando para viver as dores da minha primeira imigração.

E isso é a primeira coisa que trabalho com todos os primeiros clientes. Você sabendo lidar com todos os problemas, as soluções se tornarão mais palpáveis.

A cada 10 brasileiros que chegam a Portugal e outros países europeus ou americanos, 8 regressam em apenas um ano. Desistem, completamente, de seus sonhos!

A vida lá fora não é fácil, imigrar não é para qualquer pessoa. Esta lição, eu aprendi!

PÁGINA 67

Quando decidi ir para Londres, tive uma carta de expulsão do país, por estadia ilegal.

Se eu soubesse o que sei hoje. Se eu tivesse a experiência que tenho hoje, se eu tivesse me planejado adequadamente, como oriento meus mentorados, eu jamais teria passado por isso. Mas como já mencionei no capítulo anterior, a juventude e a sabedoria não caminham juntas, infelizmente.

Eu fecho este meu ciclo de Portugal, deixando uma mensagem para vocês:

"

Antes de se mudar para qualquer país, faça uma pesquisa aprofundada sobre a estrutura que aquele local oferece, sua cultura, sua legislação, sua economia e sua forma de viver, para que você seja parte daquele mundo e não, apenas, um sobrevivente.

Eu, por muito tempo, fui um sobrevivente. Trabalhava para ter o bastante para sobreviver.

Hoje, faço parte, tenho cidadania portuguesa.

Bruno Avelar

PÁGINA 67

Tive uma breve passagem pela Espanha, mas não me adaptei.

Logo que cheguei a Londres, vivi algo bem semelhante do que já havia vivido em Portugal. Morei em um hostel, quando aluguei uma cama e dividia um quarto com mais 19 pessoas de todas as partes do mundo, saindo dali fui dividir uma casa com 11 brasileiros. Somente no meu quarto havia 4 pessoas. Foi neste local que recebi um dos melhores conselhos desta jornada. Partiu de um amigo goiano, chamado Gilson:

— *"Não pense em dinheiro agora, vá estudar inglês."*

Assim eu fiz e foi a melhor decisão que tomei. Estudei na *Callan Method* e trabalhei no salão de beleza de uma colombiana. Eu trabalhava meio período e estudava.

Entre idas e vindas, voltei a Portugal, namorei e casei com minha esposa Cláudia, até retornarmos novamente para Londres.

Mas, foi em Portugal, após me casar, que dei entrada na minha residência portuguesa.

O processo que era para durar 2 meses apenas, durou 8 meses! Recebi agentes da SEF em minha casa, investigavam a minha vida, verificavam se meu casamento era de fachada, reviraram minha casa, passei por várias entrevistas de longas horas, uma verdadeira invasão, e tudo porque logo no momento em que nos casamos uma quadrilha de brasileiros era presa por vender casamentos fraudulentos. Mas, no final tudo deu certo. Após muita angústia, eu era legal no país. Eu fazia parte do mundo.

Quando nós regressamos a Londres, nos deparávamos com bem pouca qualidade de vida e alto custo para se viver. A moradia é muito cara e a grande maioria dos imigrantes divide casas, onde um quarto pode ter o valor de 200 libras semanais.

Trabalhamos muito e crescemos muito. Cláudia ficava 12 horas em pé trabalhando e, eu corria de um emprego para o outro durante o dia. Não era nada fácil. Não tínhamos qualquer vida social ou lazer. Apenas dedicávamos nosso tempo para melhorar de vida. Não gostávamos de vida noturna e isso de certa forma, até ajudou nessa caminhada. O tempo vago era para descansar e enfrentar a luta do dia seguinte de trabalho.

Sonhávamos com uma vida melhor e mais digna. Não queríamos morar para sempre em uma casa dividida. A vida de conviver em um local com centenas de pessoas, que iam e vinham, com temperamentos e histórias diferentes, sem qualquer privacidade é difícil demais, ainda mais com o casamento de pouco tempo.

E foi assim, durante 4 anos que moramos na Inglaterra.

Mas, mesmo assim, digo a vocês com o coração aberto, foi um dos melhores momentos da nossa vida. Não precisávamos de muito. Andávamos de metrô, nos divertíamos, brincando de quem conseguia ir ao mercado e trazer mais comida para a semana com este valor. Nós éramos felizes, mesmo com nossa dificuldade e nunca desanimamos.

Durante esses anos, ajudamos muitas pessoas a chegarem naquele país, ter uma vida melhor e mais estável e até hoje essa é uma lembrança de muito carinho que temos. Ajudamos muita gente e isso é recompensador.

Nunca fomos apegados a bens materiais e optamos, isso mesmo, por opção, a deixar uma vida confortável em Portugal para ir para Londres, porque sabíamos que aquele universo não era mais para nós. Não tínhamos mais chão português para caminhar. E essa era a forma que teríamos que crescer.

Recordo de um dia saindo de casa para trabalhar, com quase nada de dinheiro naquela semana. Nem o orçamento de 20 libras tinha, no metrô achei uma carteira *Louis Vuitton* com 800 euros dentro. Não tinha qualquer documento, eu até procurei, mas não tinha sequer como eu devolver. Era um milagre! Eu agradecia a Deus e ao mesmo tempo pedia que a pessoa que a perdeu fosse muito abastada e não fizesse falta aquele dinheiro para ela.

Pensem em uma pessoa feliz. Era eu! Não porque tinha aquele dinheiro, mas porque ele tinha salvo muitos dias de comida e sobrevivência, tanto meu, quanto da Cláudia. Não gastamos com futilidade, mas era como o nosso pote de ouro para não nos faltar nada nos próximos meses.

Era muito trabalho sempre, até que minha esposa foi trabalhar em um quiosque de um shopping chamado *MICABEAUTY* e logo se tornou gerente. Um dia, ao buscá-la no trabalho, acabei conhecendo o dono da empresa, um judeu chamado Regvi, que ao descobrir que eu era brasileiro, me pediu para organizar um churrasco para todos da empresa dele.

Eu dei o meu melhor e organizei um evento maravilhoso e foi lá que conheci a Vice-Presidente da empresa, que elogiou muito todo o trabalho que eu tinha tido em preparar o churrasco e os detalhes e me ofereceu uma vaga no departamento de logística na *MICABEUATY*. Eu aceitei e fiquei responsável pelas lojas e as suas reposições. Eu fazia tudo que era preciso.

Eu estava ali para servir, aprender e crescer.

NÃO PEGUE ATALHOS E NEM DÊ ALGUM JEITINHO PARA CONSEGUIR O QUE QUER

Não confunda vida real com expectativas. O que destrói seus sonhos é o fato de se esperar muito de algo, por isso alinhe seus desejos e como você os quer realizados e elimine as suas frustrações.

E para isso, você precisa descobrir no que você irá apostar fora do país. Monte uma estratégia, dê um nome a ela, seja fiel a este planejamento e não aceite oportunidades que irão, apenas, te desviar do caminho.

"Não se engane por comparações, não compare sua vida a de ninguém."

Bruno Avelar

Não faça coisas fora do seu tempo, não troque onde você quer chegar, por prazeres momentâneos.

Não pegue atalhos e nem dê algum jeitinho para conseguir o que quer.

Se relacione com pessoas, mas lembre-se que você é o reflexo das cinco pessoas com quem mais convive, por isso invista seu tempo convivendo com pessoas melhores que você e que já chegaram aonde você pretende chegar.

Tenha princípios, mas lembre-se que ter princípios não garante prosperidade, o que vai garantir sua prosperidade e seu sucesso é o seu trabalho, sua resiliência, seu foco e sua busca por conhecimento e sabedoria.

Não despreze sua bagagem, não importa o quanto você fracassou, quebrou ou foi derrotado, cada tropeço se torna um degrau para que você possa alcançar o sucesso.

"O acúmulo de fracassos é o melhor caminho para o sucesso."

Bruno Avelar

RESPEITE O PROCESSO, NÃO PEGUE ATALHOS, TENHA MENTORES E CONSELHEIROS

Domine suas emoções, elimine suas crenças que te limitam a crescer. Busque ajuda de profissionais se for preciso.

Mudar geograficamente, às vezes é necessário para quebrar vínculos viciosos e se afastar de ambientes que não te fazem bem.

Suas dores e fracassos te darão autoridade para que as pessoas te escutem e para que você deixe o seu legado.

Todos os livros que você ler, foram embasados na Bíblia. Então, tenha a Bíblia como seu manual de vida, e se você realmente quer crescer e achou que lendo esta página, apenas iria desvendar os segredos de ser um imigrante, você precisa entender que, enquanto

você procurar atalhos e encurtar caminhos, você vai continuar fracassando.

Quer ter sucesso fora do país, leve este livro com você e dedique-se a aprender com quem já passou por várias batalhas que você não precisa passar.

O meu desejo é que você ao mudar de país não cometa 10% dos erros que eu cometi.

Boa sorte e conte comigo.

Bruno Avelar

Minha vida em Londres

PÁGINA 67

Produção editorial em Londres

O dia em que oficializamos nosso casamento – Londres 2009

PÁGINA 67

Bruno Avelar e Cláudia Avelar – Orlando 2021

Continuação da página 66

PÁGINA 67

"Servir é uma dádiva de poucos, mas os poucos que servem, muito serão servidos."

Bruno Avelar

Nesse momento começava uma nova fase na minha vida. Eu estava empreendendo na minha carreira e entrando no mercado de cosméticos.

Eu sabia que o mundo estaria pequeno para mim a partir dali.

Início em Portugal, cidade do Porto

Minha vida em Londres

CAPÍTULO 04

O MUNDO SE TORNAVA PEQUENO PARA MIM (LONDRES)

"As noites de Londres são lindas! Aquela cidade concentra lugares inesquecíveis. Um mais bonito que o outro. Ali, eu e Cláudia passamos nossa juventude. Éramos dois jovens que acreditavam em um amanhã muito melhor. Sabíamos que atingiríamos o nosso objetivo e por isso nunca desistimos!"

Bruno Avelar

PÁGINA 67

Durante o tempo que fiquei em Londres, trabalhei em diversos salões de beleza e barbearias, com o único objetivo de melhorar o meu inglês, já que aquele universo não era o meu objetivo. Eu tirava toda experiência e o aprendizado da língua, fazia contatos, mas eu queria mais. Na verdade, eu sempre quis mais e isso que me impulsionava para frente!

Até receber o convite de ir trabalhar na *MicaBeauty* e, eu sabia que este seria um grande momento de virada. Entendam, tudo que vivemos em nossa vida é um processo que devemos passar e por muitas vezes não nos damos conta do que estamos vivendo, porém, ao olhar para trás, concluímos que toda vírgula tem sua importância.

"Nada é em vão, tudo é aprendizado!"

Bruno Avelar

PÁGINA 67

Naquele ano, em 2009, eu e Cláudia nos convertemos e fizemos juntos nosso batizado cristão. Foi, então, que conheci Jesus e minha vida começou a, literalmente, mudar.

Logo, o líder daquela igreja me convidou a ministrar o culto dos jovens da Igreja e comecei a enfrentar alguns desafios para liderar aqueles adolescentes e então fui conversar com o pastor, para pegar um conselho de como agir. Foi então que ouvi a seguinte frase: ***"Avião só voa contra o vento!"***

Aquilo entrou na minha mente e entendi que dificuldades realmente precisam ser enfrentadas. Eu entendia que, sempre, precisamos caminhar com pessoas melhores que nós. Isso contribuirá para se absorver novas experiências, conhecimento e nos tornamos pessoas melhores. Essa é a única chance de se crescer, facilitando o caminho, que uma vez já foi percorrido, por eles e auxiliando a não se cometer os mesmos erros, que um dia, já foram cometidos.

Pessoal, entendam bem o que estou querendo passar para vocês com esta lição. Não importa o diploma que vocês tenham, isso não garante os seus futuros. Diploma é pura teoria e vivência é aquilo que os realmente faz crescer. O que nos faz chegar longe, onde queremos é tudo que se vive, se absorve, são as provações passadas e superadas. Até porque, não há vida sem fracassos e eles precisam existir para que as vitórias sejam valorizadas e, as lições aprendidas. Essa é a sua bagagem e a construção da sua história.

E essa lição eu começava a entender bem. Em todo o meu caminhar, por onde eu passava, eu procurava servir e ser aquele que solucionava os problemas. Eu era um solucionador de adversidades alheias e era reconhecido por isso.

E digo a vocês com garantia, eu era RECONHECIDO. E sabem por que estou frisando isso? Porque há uma grande diferença entre ser CONHECIDO e RECONHECIDO. O reconhecimento só acontece quando você deixa uma marca, um legado na vida de outra pessoa.

Semear a vida do próximo, ajudar e servir as pessoas que estão ao seu redor é o verdadeiro ensinamento de Deus. E isso está ligado diretamente à prosperidade que se propaga. Deus se agrada quando você serve.

A colheita é certa, quando o que se planta está de acordo com os planos de Deus.

"Não pare de plantar, para que você tenha sempre o que colher. Persista em seu caminho!"

Bruno Avelar

Estar na *MicaBeauty* era como realizar o sonho daquele menino de 16 anos, que atravessava aquele chão de terra em Santa Luzia e sonhava em vender maquiagem e não em ser maquiador, como a forma de melhorar sua vida.

E desde aquela época, eu sabia que o mundo dos cosméticos era rentável e muito próspero. A maquiagem é transformadora em todos os sentidos na vida das pessoas.

Estar em um bom cargo naquela empresa, trabalhando com logística, entender todos os trâmites e dar o meu melhor era o caminho certo a seguir e, eu dei o meu máximo. Mais do que isso, eu queria ser a minha melhor versão. Eu não fazia apenas as minhas obrigações, eu ia além. Fazia muito mais do que realmente era cobrado. Para vocês terem uma ideia, até a casa do proprietário da empresa eu cuidava.

Não importava o que era, eu estava sempre disponível para fazer. Se havia um problema, o nome *Bruno Avelar* estava ali para ser a solução.

E por conta disso, desse meu jeito e por essa minha personalidade, que comecei a crescer na empresa, assim como minha esposa, até chegarmos ao ponto de que eu e Cláudia cuidávamos de toda a operação da *MicaBeauty*, viajando para abrir lojas em diversos países, resolvendo as questões de pessoal, com contratações e demissões de quem não performava e com essa enorme bagagem, logo eu me tornei Gerente Administrativo e, a Cláudia a Diretora Operacional.

Observem que isso não aconteceu de um dia para o outro e muito menos sem qualquer esforço. Foi com muito trabalho, dedicação e foco, sabendo onde se quer chegar.

Após 3 anos de muito trabalho na *MicaBeauty*, em 2012, resolvi propor à Adva, a Vice-Presidente da empresa a empreender no Brasil.

Na época, nosso país era a sexta economia mundial e como todos sabem, é um grande consumidor de cosméticos, produtos de beleza e saúde. Eu vislumbrava um mercado promissor. Eu, além de visionário, sabia que estava sendo ousado, mas queria seguir em frente.

Então, disse a ela que juntos poderíamos construir algo grandioso, já que eu tinha toda a *expertise* do negócio e tinha adquirido naqueles anos o *Know-How* de gestão, além disso, contava ainda com a experiência operacional da Cláudia. Eu tinha certeza que não tinha como dar errado.

PÁGINA 67

Adva, que estava de férias marcada para Israel, me prometeu pensar no assunto e me procurar assim que retornasse. Quando ela regressou nos chamou para conversar e decidimos nos desligar da *MicaBeauty* em Londres para começar uma verdadeira aventura, e levar a marca para o Brasil.

Esta é uma passagem importante e uma grande lição que quero deixar para vocês. Percebam que nunca tive medo de nada. A adrenalina e o risco me moviam, porque somado a eles, vinha a certeza que eu não podia ficar parado. Eu precisava me arriscar, porque assim, eu estaria inovando e buscando caminhos melhores para a minha vida.

Assim que chegamos ao Brasil, alugamos um Fiat Punto e viajamos por diversos estados para buscar o ponto e os parceiros ideais. Foram inúmeras reuniões com advogados, farmacêuticos, químicos, contadores e especialistas de mercado e ouvíamos, frustrados, o mesmo diagnóstico: **VOCÊS NÃO IRÃO CONSEGUIR!**

Era desanimador. Todos falavam que a Anvisa não iria liberar e nos dar o alvará de funcionamento para comercialização dos produtos. Que teríamos que pagar propina e que não seria nada fácil.

Após três meses, em solo brasileiro, chegamos à conclusão que, realmente, não seria possível levar a marca para o Brasil. Teríamos que voltar para Londres e começar tudo de novo, porém, com um agravante. Estávamos desempregados!

Adva, nessa época, estava em Amsterdã abrindo algumas lojas da empresa e mesmo com o convite dela, declinamos e voltamos para Londres, já que a Cláudia havia conseguido se recolocar na *MicaBeauty* mesmo. Eu, já não tive a mesma sorte, porque havia preparado um amigo, o Ricardo, para me substituir, entregando meu cargo, casa e carro.

PÁGINA 67

Era desoladora aquela situação. Eu dormia no sofá da casa do Ricardo, vendo o meu antigo carro na garagem sem poder usar, já que ele o usava o dia todo para trabalhar. Era ver alguém, usar tudo que eu tinha lutado antes para conseguir. Ele usufruía do meu esforço. Eu não o culpava, até porque, aquela situação, apesar de frustrante demais, era fruto, única e exclusivamente das minhas decisões. Cabia aceitar e dar a volta por cima.

Só que tem momentos na vida que tudo acontece de uma só vez. Foi quando mesmo naquela situação, Cláudia me deu a notícia que estava grávida. Apesar da dádiva que era, eu não conseguia reagir. Era pressão demais para mim.

Nós morávamos em um cubículo, velho, sem qualquer condição de moradia. Contávamos os tostões para comer e sobreviver. Então, tomei a maior decisão da minha vida: MEU FILHO NÃO VAI NASCER NESSA ESPELUNCA!

A fé realmente move montanhas e foi nela que me agarrei. Eu pedia a Deus apenas UMA chance e seria ela que eu transformaria em uma vida bem melhor. Não levou 24 horas para ver Deus agindo sobre mim.

Eu estava on-line no *Facebook* quando recebo uma mensagem de Renaldo, um jogador de futebol do Atlético mineiro e da Seleção, artilheiro do campeonato brasileiro de 1996, que havia conhecido naqueles três meses de tentativa de levar a *MicaBeauty* para o Brasil.

Seu recado era que eu entrasse em contato.

—"Bruno, sabe aqueles cremes que você me deu de amostra grátis no Brasil, por conta do seu negócio?"

— "Lembro sim, Renaldo."

PÁGINA 67

— *"Então, tenho uma pessoa que quer investir nesta marca. Quer trazer a marca para cá. Você consegue estar em Brasília amanhã?"*

— *"Sim, claro. Consigo sim!"*

Era agora ou nunca, minha situação era caótica, óbvio que eu não tinha qualquer dinheiro para estar em Brasília no dia seguinte, pegar um voo e sequer chegar à reunião.

Mas isso não era um problema. Eu era o solucionador de adversidades. Liguei para o dono de uma agência de viagens, que durante anos indiquei pessoas e pedi para que ele me emitisse uma passagem para o Brasil, pedindo para pagar depois e ele, na mesma hora, me emitiu o bilhete.

Perceberam a grandiosidade deste acontecimento? Eu não tinha apenas uma ótima conexão, eu tinha tido anos que servi, sem qualquer propósito de moeda de troca, àquele dono da agência. Eu o ajudava e auxiliava a quem precisava comprar suas passagens. Mas um dia, a vida te traz a colheita do que você lá atrás plantou.

A colheita foi boa, porque o plantio foi melhor ainda.

"Lição de vida: Crie vínculos, construa relacionamentos longos e sinceros. Passe credibilidade. A credibilidade gera crédito. Crédito é oriundo de confiança e segurança no outro. Seja essa pessoa!"

Bruno Avelar

Mais ainda, por onde passar, marque positivamente as pessoas. Deixe o seu legado. Para que, de alguma forma, elas se lembrem de você. Mas, isso tudo da forma correta, através do reconhecimento! Tanto pessoal, como profissional.

Deixo essa mensagem para vocês, pois foi por isso que o Renaldo me ligou. Primeiro, porque eu o presenteei com algo que ele queria naquele momento, que era um creme antirrugas. PRESENTES ABREM PORTAS E GERAM GRATIDÃO!

Segundo, porque eu deixei claro meu objetivo, que era o de empreender no Brasil, naquilo que eu tinha total experiência. Ou seja, deixei a minha marca e na primeira oportunidade, ele se lembrou de mim.

Carro que dei ao Ricardo quando fui a primeira tentativa ao Brasil, e quando voltei já não era mais meu e não o podia usar.

Você é fruto de suas próprias escolhas.

Bruno Avelar

CAPÍTULO 05

RETORNO AO BRASIL

Preparando-me para ir para reunião no Brasil no dia seguinte, eu precisava levar produtos como amostras, porém eu não tinha absolutamente nada. Além disso, precisava garantir a exclusividade da marca em solo brasileiro. E como eu fiz isso?

PÁGINA 67

Primeiro, liguei para os fornecedores de Londres e pedi a eles uma carta via e-mail, garantindo uma exclusividade das operações na América Latina da *MicaBeauty* e eles prontamente me concederam. O mais difícil eu já tinha conseguido. Precisava agora, apenas de produtos para amostras, a ideia era trocar a minha exclusividade pelo investimento.

Mas minha frustração foi enorme, quando Ricardo, aquele que dei tudo, incluindo meu cargo, me negou algumas amostras.

E esta lição é forte. Às vezes, as pessoas, inclusive aquelas que vocês menos esperam, por já terem se doado tanto, irão te decepcionar. Por isso, faça o bem sem esperar nada em troca e principalmente, não criem expectativas, para que a decepção não os marque de forma dolorosa. Aquilo que você fizer de bem, retornará para vocês através de Deus e isso que importa!

Assim embarquei, certo do meu sucesso, apesar das adversidades. Quando cheguei ao Brasil, mais precisamente em Brasília, Renaldo disponibilizou um carro para me buscar no aeroporto, assim como uma reserva em hotel.

Minha primeira reunião já foi direto com a investidora principal e um senhor chamado Cícero, que era o responsável por todas as suas finanças. Logo que nos conhecemos ele zombou de mim, ao perguntar: "O que esse pentelho tem a te oferecer?" Minha aparência jovem não ajudava, porém, nunca devemos aceitar qualquer insulto e falta de respeito. Ele não me conhecia e nem minha história, para me tratar daquela forma. Então, logo retruquei que estava completamente à disposição para sanar quaisquer dúvidas e tratei de deixar bem claro que não estava ali para oferecer nada e sim, porque havia sido convidado a vir de Londres por ela. Ele mudou de postura, se ajeitando na cadeira e começou as perguntas.

Respondi tudo que ele me questionou, sem pestanejar em nada e, com toda a segurança e conhecimento que eu carregava. No final, aquele senhor falou: “*Ele pode ser novo, mas sabe o que está dizendo*”.

Observem, quando saí do Brasil, após passar 3 meses lutando para entrar no Mercado Nacional e não obter nenhuma resposta positiva, eu não perdi nada, muito pelo contrário, eu aprendi muita coisa. Durante esse período eu acumulei experiência em lidar com investidores, suas principais dúvidas e necessidades de entendimento, as informações primordiais para expandir uma marca em outro país, assim como furar a bolha do mercado americano no Brasil.

Por isso, digo, você até pode se frustrar momentaneamente, porque algo não saiu como queria, mas um dia, você olhará para trás e entenderá o futuro, o presente e o passado e por que passou por tudo, por que teve que viver daquela forma.

"Deus não erra!

Faça sua parte, viva o seu propósito e não se frustre com adversidades. Provisão nunca virá antes da sua atitude!"

Bruno Avelar

No final da reunião, eu comuniquei a eles que tinha apenas uma preocupação, a Anvisa. E então, ele disse que isso resolveria. Inicialmente faríamos da forma correta, assim eles não teriam motivos para negar.

Naquele momento eu descobri que o marido da investidora era Delegado Federal de Brasília, foi quando ela disse: "*Não quero nenhum jeitinho. Quero fazer da forma correta. Se eles nos prejudicarem, eu interfiro.*"

Com a única barreira resolvida, fechamos ali, inicialmente um investimento de 2 milhões. Abrimos uma champanhe e enquanto via aquelas taças sendo servidas, meu pensamento estava longe. Em toda a minha trajetória e talvez por conta disso, eu tive um *insight*, que tenho certeza que foi uma luz que Deus me deu naquele instante.

"Isso está muito fácil. Se eu for embora daqui, eles irão desistir logo. Preciso ser mais resistente."

Então, antes do primeiro gole de champanhe, eu disse:

— *"O negócio está fechado, com uma única condição. Vocês irão a Londres, conhecer toda a operação da MicaBeauty."*

Imediatamente, eles disseram que não iriam. Alegaram que bastava eu chegar com tudo que a operação começaria. E então dei uma cartada arriscada, mas essencial. Falei:

— *"Vocês me conhecem de onde?"*

Eles alegaram que me conheciam através do Renaldo. E eu logo retruquei, que eu e Renaldo nos conhecemos meses atrás de Belo Horizonte, sem qualquer referência minha.

E então, firme, condicionei:

PÁGINA 67

— *"Ou vocês visitam Londres ou nosso negócio não será fechado."*

Sei que vocês devem estar achando que fui louco e que naquele momento eu mesmo estava derrubando o meu próprio negócio. Mas vou explicar o porquê disso.

Se eu não derrubasse o projeto ali mesmo, outra pessoa faria. Pensem comigo, todo mundo tem amigos e investidores, possuem muitas formas de assessoramento e eles começariam a criar inúmeros riscos. Primeiro porque eu era um garoto de apenas 26 anos e logo colocariam isso como ponto de partida para os demais questionamentos, para então aconselhar que ela caísse fora do negócio, porque não me conhecia ou porque a operação poderia não existir ou se realmente era rentável.

Então, entre alguém levantar essas hipóteses para a investidora e eu, era melhor que eu mesmo fizesse isso e assim, já dar o problema e solução juntos, assim, não haveria qualquer hipótese daquele investimento ser cancelado.

Eu estava apenas me antecipando e assegurando que o negócio seguisse em frente. Eu tinha chegado até ali, não seria uma estratégia errada que me tiraria do caminho.

Não se pode negar que foi um passo arriscado. Eu poderia ter muito sucesso, como também ter tudo cancelado. Mas entre eu mesmo ter feito isso e saber que foi outro que fez, era melhor eu ser o responsável.

Voltei para Londres, esperando uma resposta para os próximos dias. Quando cheguei, contei para a Cláudia, que entrou em desespero e começou a chorar. Ela estava grávida, vivíamos uma situação péssima e eu tinha voltado com as mãos vazias do Brasil, pelo menos naquele momento.

Mas eu tinha fé e isso já era suficiente para acreditar que nada daria errado.

Alguns dias depois, meu telefone tocou. Era o Cícero e ele me disse que eles estavam vindo para Londres, para conhecer as operações da *MicaBeauty*.

Imediatamente liguei para a Cláudia e dei a notícia a ela. Logo depois, tratei de agilizar tudo. Pedi a um amigo para alugar um carro para mim em nome dele e fui buscar a investidora no aeroporto e dali mesmo os levei para a empresa. Um detalhe, agi como se ainda trabalhasse lá. Eles ficaram encantados. Foi tudo um desafio, mas deu muito certo!

Ao sairmos de lá, entramos em uma joalheria, apertamos as mãos e fechamos o negócio. Ali eu sacramentava o meu retorno ao Brasil.

PÁGINA 67

Em dezembro de 2012 eu desembarcava em Brasília. Tudo já estava organizado. Fomos morar em um apartamento, que era um verdadeiro sonho, no Plano Piloto, e minha maior recompensa disso tudo, era saber que meu filho nasceria em um lar digno, com conforto e infraestrutura.

Consagre ao Senhor

tudo o que você faz,

e os seus planos serão bem-sucedidos.

Provérbios 16:3

PÁGINA 67

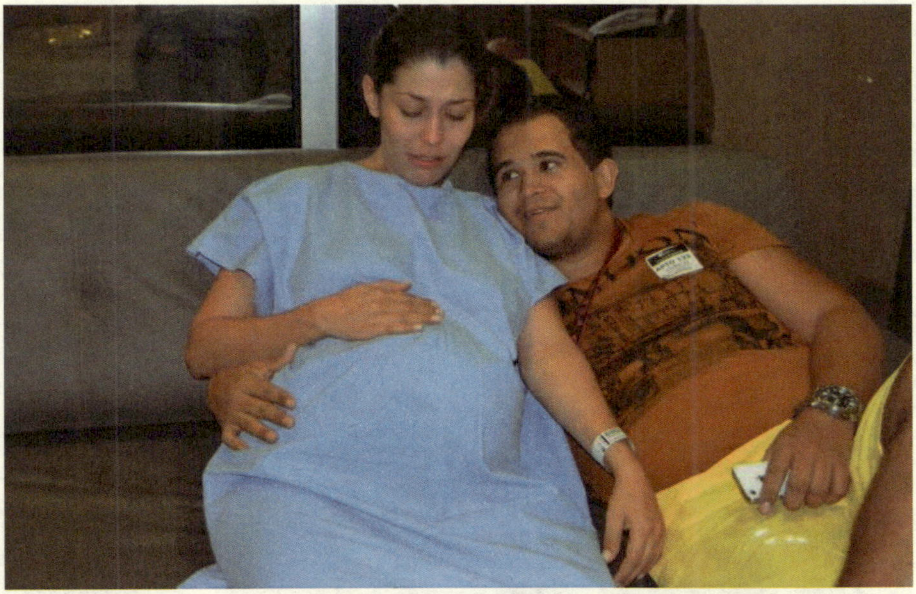

Primeiro quarto do meu filho no Brasil

Nascimento do meu primeiro filho 2013

Lançamento MicaBeauty Brasil

Nossa operação em solo nacional começou pequena, em um escritório que tinha apenas, eu, Cláudia e o filho da investidora.

Escritório MicaBeauty em Londres 2012

Escritório no Brasil 2013

PÁGINA 67

Em dois anos, tínhamos aproximadamente 26 funcionários, uma área de 400 metros que funcionava nosso escritório e uma loja física em um grande Shopping na capital brasileira, no Park Shopping Brasília, além de várias franquias prontas para iniciarem suas operações. Foi muito esforço e trabalho duro para chegarmos aonde chegamos.

Apesar de recompensador, o preço estava começando a sair mais alto do que eu imaginava, já que quase tive um infarto. Senti uma enorme dor no peito e ao ser levado para o hospital, fui diagnosticado com uma angina.

Tinha chegado a hora de desacelerar e assim, em outubro de 2014, vendi minhas operações da *MicaBeauty* e me mudei de Brasília para Belo Horizonte para dedicar maior tempo para a minha família.

Nosso tempo no Brasil durou aproximadamente dois anos. Apesar de parecer muito pouco tempo, foi tão intenso e cheio de aprendizados, que eu precisaria de mais um livro para contar a vocês.

Por isso, selecionei algumas das minhas principais experiências, para deixar como grandes lições de vida.

O primeiro deles é: Não se torne soberbo quando perceber que chegou ao local que sempre sonhou. E não digo isso a vocês porque fui simples e humilde, muito pelo contrário. Eu fui soberbo, a ponto de um dos melhores amigos, Fabiano Prata me dar o *feedback* de que eu não era o mesmo Bruno que ele sempre conheceu. E não foi só dele que eu ouvi. Cláudia, também, reclamava do meu comportamento.

Eu era um jovem imaturo, com pensamentos fúteis, com um enorme vazio de valores. Andava de Mercedes do ano, gastava em cartões de crédito sem limites, morava em apartamento de luxo e só pensava em coisas materiais. Eu tinha perdido minha essência, deixando o dinheiro e tudo que ele podia comprar transformar o Bruno que sempre fui.

Achava-me humilde, apesar de que forjava realmente esse comportamento. Estava completamente cego. Menosprezei pessoas e apenas queria mostrar que aquele menino pobre de Santa Luzia agora era um homem rico da grande cidade, que já tinha ganhado o mundo.

Isso tudo, porque a todo tempo eu mostrava e queria provar para o mundo que eu tinha vencido na vida, quando na verdade, eu só sentia vazio dentro de mim e tentava preencher com as coisas erradas.

"Um dia acreditei que vencer na vida era ter uma boa casa, boas roupas, um carro e algum dinheiro.
O tempo não para.
Nós amadurecemos e passamos a ver tudo diferente.
Hoje sei que vencer na vida é, sobretudo, estar em paz, onde quer que a gente esteja."

Bruno Avelar

PÁGINA 67

Quando assinei a venda da empresa, me peguei ali de terno, em frente àquela mesa, com a caneta na mão e aos poucos vi as pessoas sumindo, desaparecendo. Percebi que a única que realmente estava ao meu lado era a Cláudia, que sempre me esperou, enquanto eu vivia para os outros e não para a minha família.

Esse aprendizado que eu quero deixar para vocês, eu aprendi na dor, literalmente! Se não fosse pela força de vontade da minha esposa, eu teria perdido a minha família e nenhum sucesso financeiro, justifica um fracasso familiar.

Vocês conseguem entender tudo que deixo aqui com esta mensagem? Eu quase enfartei, eu vivia uma vida ilusória, tentava aprovações alheias, era ligado ao material e só pensava no sucesso financeiro. Mas quando deixei aquele auge que eu estava, ninguém mais ficou comigo. Todos sumiram. São poucos aqueles que ficam ao seu lado quando você nada mais tem a oferecer. Só fica sua família e alguns poucos amigos e esses que merecem o seu devido valor.

Além disso, seja humilde em toda a trajetória. Não perca a essência da sua origem, aquela que te impulsionou um dia a ser uma pessoa com condições melhores e não um ser humano pior, por ter conseguido.

Não julgue o outro, para não ser julgado! Não queira provar nada a ninguém, no fundo são poucos que olharão por trás da carteira de dinheiro. Sua casa estará cheia quando você estiver bem e por mero interesse. Seus amigos são poucos e eles estarão com você, independentemente da sua situação. Preserve sua família e sua vida íntima, eles são o verdadeiro tesouro da sua vida.

Outra lição que aprendi durante esse período foi a de não desperdiçar cada minuto que se puder ficar com seus filhos. E falo isso porque eu perdi os dois primeiros anos da vida do Kevin. Hoje ele já tem 8 anos e sei que não consigo recuperar os primeiros momentos da vida dele.

Vocês lembram quando eu disse, que aquele período que passei em Londres com a Cláudia, em que vivíamos apenas com 20 libras para sustentar nossa semana, foram um dos mais felizes da minha vida?

É disso que estou falando. Naquela época eu tenho certeza que eu seria um Bruno que não perderia momentos do filho e da família, não daria tanto valor a coisas fúteis, não menosprezaria ninguém.

> *A felicidade não está no "quando eu tiver", "quando eu conquistar", no "dia que eu chegar". A felicidade está na jornada, na caminhada e como você traça esse caminho.*
>
> ***Bruno Avelar***

Neste exato momento que você está lendo isso, é o exato minuto que a sua vida importa. O que vale é o agora!

Aconselho-te a parar tudo que você está fazendo e refletir sobre a vida que você tem levado. Faça uma lista mental sobre como você tem agido e principalmente, sobre o que você considera erros e acertos.

Reflita sobre estes erros que cometi e veja se você não está agindo igual, por algum motivo ou com alguém. E deixo uma mensagem: ainda dá tempo de mudar! Conserte esses erros, ressignifique sua forma de viver, recomece os relacionamentos certos, dê valor a quem realmente merece e para essas pessoas dedique seu tempo e sua energia.

Ligue para sua esposa ou para o seu marido, para seu irmão, para seus pais e peça perdão. Não carregue mágoas ou sentimentos ruins dentro de você. Liberte-se de tudo que não agrega valor real à sua vida. O perdão é libertador. Um pedido de desculpas traz paz e alívio a qualquer coração aflito.

Perdoe agora todas as pessoas que te magoaram ou que, de certa forma, você acha que tem alguma situação mal resolvida.

Mesmo que muitas pessoas tenham duvidado de você, do seu potencial e de onde você seria capaz de chegar, você não precisa provar nada a elas. E saiba que se você ainda não conquistou o que queria, não dê ouvidos a quem não tem nada de bom para te falar. Principalmente negatividade de quem só duvida que você irá alcançar o seu próprio topo.

E meu maior conselho. Antes disso tudo, cuide da sua saúde! Sem ela você não será nada! Procure um endocrinologista, faça reposição hormonal, essa pode ser a causa da sua falta de disposição. Cuide da sua esposa, do seu marido, dos seus filhos e dos seus pais. Cuide e ame sua família!

Seja sua melhor versão para eles, viva em prol deles.

Sente-se à mesa com eles, por pelo menos 40 minutos ao dia e faça esse tempo valer a pena.

"Eu nunca quis que o tempo voltasse. Eu só quero ser a minha melhor versão, a cada dia que Deus me dá."

Bruno Avelar

Como disse, aquele tempo no Brasil não durou muito, pois eu e Cláudia decidimos que tinha chegado a hora de voltar para nossa vida no exterior e eu já queria retornar para Portugal, porém havíamos acordado que o próximo destino ela que decidiria. E assim, a decisão foi Orlando, nos Estados Unidos.

Em maio de 2015, eu desembarcava em solo americano.

PÁGINA 67

Minha família. Orlando 2021

PÁGINA 67

CAPÍTULO 06

SONHO AMERICANO

Muita gente me pergunta se me mudei para Orlando por conta dos parques, da forma de vida e pela grande comunidade de brasileiros.

Nada disso! Eu, a primeira vez que visitei a Flórida, observei que o estado era o melhor e maior local de compras para começar as minhas lojas. O mercado e o consumo eram bons, com boas estatísticas. Então, eu queria investir no *Flórida Mall*, o maior shopping de Orlando. E assim, segui com aquele foco.

No dia 18 de maio de 2015, quando meu irmão caçula fazia aniversário, me mudei para os Estados Unidos e, diferente das outras vezes que imigrei para um novo país, desta vez eu me planejei. Apesar de, ainda, ter feito coisas que já não faria mais hoje em dia, certamente, não foi sem qualquer planejamento. Pesquisei sobre todos os tipos de Visto e decidi imigrar com o Visto de estudante, o que hoje faria diferente.

Novamente, a *MicaBeauty* foi o meu caminho. Negociei com o dono da empresa e peguei com exclusividade a marca na Flórida. Eu tinha muito mais bagagem e *expertise*, não cometeria certos erros já cometidos e ainda, melhoraria e reforçaria as melhores práticas adotadas na primeira vez que geri a operação sozinho, que foi no Brasil.

Iniciei meu primeiro ponto de venda no Shopping que eu queria e como estava me dando muito bem, comecei a atrair a atenção de muita gente da comunidade brasileira, que não entendia como, com tão pouco tempo em solo americano, eu já estava com um negócio próprio e em poucos meses, com tanto sucesso.

Na época, cheguei a ter 3 pontos de vendas com apenas um ano e meio de operação nesse mesmo Shopping. O problema é que ninguém sabia que eu não tinha, simplesmente, chegado em Orlando e arriscado em um negócio que eu não conhecia. Eu estava há muito tempo nesse ramo e aplicando a minha experiência e usando a minha melhor versão. O "de repente" que muita gente fala, leva anos para acontecer.

Além disso, nesse período lancei minha consultoria própria, empresa de assessoria de negócios, a *BCO Business Consulting Orlando* e, uma empresa de locação de Motorhome, a *Motorhome Orlando*, além de atuar em feiras de maquiagem e beleza.

É importante contar essa passagem da minha vida, pois este é um dos maiores erros cometidos para quem busca se mudar para o exterior. Começar algo novo que não se tem qualquer domínio, desperdiçando, muitas vezes, anos de *know-how*. Isso é um verdadeiro "tiro no pé". A maioria das pessoas alega que cansou do que fazia.

E quando eu via casos como esse, perguntava o porquê as pessoas que estavam bem em suas áreas, com boa rentabilidade, pegavam seu dinheiro suado e investiam em algo totalmente incerto e que não se possui qualquer conhecimento.

E com o tempo eu entendi que isso era totalmente falta de foco, desânimo, desmotivação e falta do encontro do seu próprio propósito. Isso acaba levando para a perda de resiliência.

Meu conselho para você que talvez esteja passando por isso é; não mude sua rota. Não troque o certo pelo incerto. Se estiver em uma crescente, não tire o pé do acelerador. Muitas pessoas acabam se perdendo por desacelerar. Não cometa este erro! Quanto mais acelerar em momento de crescente, mais chance se terá de permanecer no seu negócio.

Em dezembro daquele ano de mudança e adaptação aos Estados Unidos, em 2015, meu primeiro filho, Kevin, foi diagnosticado com uma doença rara chamada Síndrome Nefrótica. Quando tudo parecia bem, caminhando no rumo certo, principalmente equilibrando os negócios com a minha vida familiar, essa bomba caiu sobre as nossas cabeças. Foi um baque. Ele foi internado na noite de Natal, 24 de dezembro de 2015. Após isso, foram várias biópsias até a saída do diagnóstico oficial. Foi muito sofrimento.

Como não tínhamos família estruturada em Orlando, pensamos em ir para Portugal, mas tivemos apoio de muitos amigos, como o Cesare Casali, que veio do Brasil única e exclusivamente para estar comigo no hospital, no dia que saiu o resultado da biópsia. Ele nos apoiou de forma incondicional e fez tudo que podia para nos amparar naquele momento. Eu e minha família, nunca esqueceremos este gesto!

"Minha eterna gratidão pela família Casali!"

Diante da situação e sem plano de saúde, começamos a receber contas astronômicas dos hospitais. Era o segundo desespero, pelos valores que chegavam. Eram documentos com valores de 15, 20 mil dólares.

PÁGINA 67

E quero deixar algo registrado aqui para vocês que estão imigrando para outro país. Minha família não tinha plano de saúde, somente porque um brasileiro que conhecíamos, nos disse que com o Visto de estudante que eu tinha, não poderíamos ter o convênio. Naquele momento acreditamos nessa premissa e não procuramos qualquer outra informação sobre o assunto. Hoje sabemos que poderíamos, sim, ter o plano de saúde.

Algumas contas, conseguimos pagar, porém, vimos que nós iríamos afundar, então buscamos a administração do hospital, onde descobrimos um financiamento de Us$ 500,00 por mês. O prazo é, claro, enorme, em torno de 20 anos, mas era muito mais viável do despender os valores que estávamos sendo cobrados. Além disso, havia diversas empresas que compravam essas dívidas hospitalares. Ou seja, havia diversos caminhos e por não termos nos informado corretamente e simplesmente acreditado em uma pessoa despreparada, gastamos muito dinheiro, ainda mais em um momento de sofrimento que enfrentávamos.

Novamente, volto ao meu conselho. Para se mudar para um país é preciso se planejar e estar assessorado de pessoas experientes.

Como eu já tinha uma alta rede de conexões nos Estados Unidos, um dos meus conhecidos me aconselhou a aplicar em um asilo humanitário pela doença do Kevin. Mas dessa vez, fiz diferente. Não fui sem qualquer conhecimento. Procurei uma advogada, que me aconselhou e passou todas as orientações para entrar com o processo. Assim fiz. Gastei em torno de US$ 20 mil e 3 meses após isso recebi um *combo card*, que me dava permissão para trabalhar. Meus caros amigos leitores, ter esta carta em minhas mãos era ter a sensação de que tinha me tornado um verdadeiro cidadão americano.

Mas a alegria não durou muito tempo. Após 12 meses, fomos surpreendidos com um chamado para entrevista em Miami na imigração e chegando lá fomos informados que a advogada havia aplicado em um asilo político e não humanitário que era nosso caso. Imediatamente negamos e informamos ao agente que havíamos sido enganados. Falamos a verdade e por conta disso, pasmem, recebemos uma carta de expulsão do país. Tínhamos naquele momento 30 dias para abandonar os Estados Unidos.

Vocês conseguem mensurar o nosso desespero? Nem quando, anos atrás, eu estava em Portugal, com todo o dinheiro usurpado pela Mônica e sem qualquer rumo, sendo ajudado pelos policiais, eu senti o soco no estômago, como eu sentia naquele momento.

Nós tínhamos 3 pontos de venda no Shopping, uma empresa de consultoria e uma de Motorhome e iniciava-se a temporada das minhas feiras de cosméticos e beleza pelos Estados Unidos, além do principal, que era toda assistência e tratamento do meu filho, que tinha todo um acompanhamento no hospital americano.

PÁGINA 67

Eu não tinha o que fazer e no desespero comecei a vender todas as minhas empresas, com uma enorme dor no meu coração, mas não queria atuar de nenhuma forma incorreta e muito menos ficar ilegal no país.

Certo dia, durante transição da minha empresa de consultoria de negócios, a *BCO Business Consulting Orlando,* estávamos finalizando um projeto de ajuda às crianças com autismo e nossa meta era chegar até o Marcos Mion; e conseguimos chegar. Diante desse objetivo alcançado, comentei com a gestora do projeto, a Ana, que também iria embora e estava vendendo a empresa; ela me olhou nos olhos e disse:

— *"Você não vai embora. Tenho uma pessoa que vai te ajudar."*

E então, ela me apresentou um representante comercial do escritório de imigração de Flávio Braga. Em cinco minutos ele me trouxe uma solução para o meu caso. Era um EB2 NW. Eu aplicaria em excepcional em empreendedorismo. Não pensei duas vezes e já queria fechar ali mesmo aquele suporte para resolver o meu problema. Ele me passou que o custo era de US$ 25 mil mais as taxas e na mesma hora eu fechei. Meu maior vilão era o tempo, então eu tinha que correr contra ele.

O processo foi estruturado em tempo recorde e no meio dessa estruturação, alteraram o pedido para EB3, no qual eu teria um contrato pela empresa, porém sem sucesso e no final regressamos para EB2.

PÁGINA 67

Alguns dias depois de toda essa jornada, recebemos a fatídica carta de remoção do país. Era mais uma decepção inacreditável. Corremos e fizemos uma videoconferência com o CEO e o Flávio e a notícia dele foi devastadora. Ele disse que devolveria nosso dinheiro, pediu desculpas e informou que não teria tempo hábil para entrar com meu processo, já que havia recebido aquele documento de saída dos Estados Unidos e não tínhamos mais qualquer status imigratório, ou seja, já éramos ilegais.

Meu chão simplesmente abriu e eu parecia cair em um buraco fundo. Eu tinha me agarrado a eles como uma oportunidade e a última esperança de permanecer no país. Eu e a Cláudia desabamos e começamos a chorar no meio da reunião virtual com eles. Eu já não pensava nas empresas, em mais nada, só imaginava meu filho perdendo o tratamento. Ele não poderia sair de Orlando. Ele estava assessorado pelo melhor hospital infantil do mundo e não poderia perder essa oportunidade.

Eu já tinha uma certa amizade com o César Menotti, que estava com viagem agendada para Orlando e eu iria assessorá-lo em projetos no exterior e o avisei para não ir ao nosso encontro, já que tudo tinha acabado, inclusive as nossas soluções de rever aquele cenário que nos encontrávamos.

Ele apenas me disse:

PÁGINA 67

— *"Tenha calma. Faça uma coisa. Ligue para o pastor Antônio Cirilo. Ele tem sempre uma palavra para os momentos difíceis."*

Confesso que naquele momento eu não acreditei muito, mas liguei assim mesmo. Assim que contei toda a história para o pastor, ele começou a rir no telefone e eu sem entender nada, ele me deu o conselho que já citei aqui para vocês.

— *"Você está no melhor lugar para o milagre de Deus acontecer em sua vida. Você crê?"*

Eu apenas respondi que sim. Não me restava mais nada, apenas a fé que Deus iria operar um milagre sobre aquela situação. O pastor então me deu uma direção. Deu-me o contato de uma advogada chamada Andreia, pedindo para que eu explicasse a ela tudo que tinha acontecido comigo e com minha família.

Falamos com ela e imediatamente peguei a Cláudia e fomos para Miami encontrá-la. Ela trabalhava em um escritório de um pouco mais de 30 m^2. Quando vimos, ela já estava consultando nosso processo e informando que tínhamos status sim, mandando simplesmente corrermos. Porém, para o Kevin, não havia mais esse tempo, o processo dele estava sem status.

De lá mesmo, ligamos para o Flávio, explicando a situação. Na semana seguinte, junto com o César Menotti que havia chegado do Brasil, fomos encontrar novamente os representantes do escritório e um dos seus advogados, Mark Morais, aplicou o meu processo de permanência legal no país.

Recordo que na época presenteei o dono do escritório com uma guitarra de série limitada, no valor de US$ 3 mil e ao Mark, uma camisa autografada por todos os jogadores do Atlético Clube, que o César Menotti trouxe a meu pedido.

Uma grande lição disso tudo, a fé e o milagre me salvaram, juntamente com a palavra de Cirilo que colocou a pessoa certa no meu caminho. Mas os presentes, a ajuda do César Menotti e a sua presença no escritório e o empenho do Flávio foram essenciais para que realmente eu conseguisse minha permanência.

Após alguns meses, recebemos a renovação da nossa permissão de trabalho e autorização de viagem, algo que não tínhamos na anterior e por isso, havia mais de 3 anos que eu não conseguia ir ao Brasil e qualquer lugar do mundo.

Já a permanência do meu filho Kevin ainda permanece na corte, onde Cláudia comparece uma vez ao ano para renovar. Isso porque, um juiz, quando ouviu nossa história, se compadeceu e entendeu que fomos enganados e ainda nos avisou que no dia que tivéssemos nosso *i 140* aprovado, o *Green Card*, ele aprovaria o do nosso filho.

Após 3 anos fui ao Brasil, visitei meus amigos e eu e o César abrimos uma nova empresa de locação de Motorhome. A primeira, que eu já havia vendido na confusão, tinha apenas abrangência em Orlando.

Já essa seria por todo Estados Unidos. Gravamos o DVD da dupla em Orlando de 2018 – *Os Menotti in Orlando* e nesse período fiquei entre Brasil e minha casa, para reestruturar todo o escritório da dupla.

Vocês conseguem vislumbrar a quantidade de ensinamentos e lições de tudo isso que relatei aqui. Primeiro que é praticamente impossível mudar de país sem o mínimo de planejamento e estrutura, em todos os sentidos. É preciso estar ciente das finanças, da parte profissional, pessoal, familiar e ter boa saúde física e emocional.

Mas acima disso tudo, é preciso, ainda, ter as pessoas certas ao seu lado. Não apenas amigos, mas um profissional que entenda todas as dores, os problemas, literalmente, as grandes pegadinhas de um processo imigratório.

Entre muitos trabalhos, minha carreira hoje é pautada em ajudar pessoas a não passar pelo que eu passei. A cada mentorado que ajudo, que converso, eu sei que estou auxiliando-o a não viver nem um terço do que vivi. Eu realmente não desejo a ninguém os desesperos, a correria, a ansiedade e as angústias que eu e a Cláudia tivemos que viver e superar.

No curso "Transcendendo Fronteiras comigo" que tem duração de 12 meses, onde encontro meus mentorados 4 vezes no ano, onde três são no Brasil e a outra em Orlando, eu tento passar o máximo que posso dos problemas que tive, juntamente com as melhores soluções, porque foi exatamente destes momentos que consegui tirar o meu *know-how*.

A primeira coisa que uma pessoa tem que pensar ou se questionar, quando tomar a decisão de imigrar é: *por qual motivo estou saindo do meu país para morar em outro?*

Neste momento, quando ele/ela souber efetivamente essa resposta, conseguiremos atacar todos os pontos. Não se pode emigrar de um país e achar que todos os seus problemas estarão resolvidos, isso não ocorrerá e ainda se terá mais problemas.

O ideal é se planejar muito bem, passar de 30 a 90 dias no país escolhido e contar com uma assessoria séria e com *expertise* no assunto.

Eu quando fui para Orlando, até me planejei, porém, não tive a assessoria certa assim que me estabeleci. No primeiro problema, que foi a doença do Kevin, praticamente sucumbi. Depois, acumulou com a carta de remoção do país e a falta de legalidade de permanência.

Só no momento que Deus colocou na minha vida as pessoas certas, é que tudo tomou o rumo do sucesso.

Turnê César Menotti & Fabiano USA 2019

Amigo e mentor Fábio Lacerda

PÁGINA 67

Editorial MicaBeauty Brasil 2013

PÁGINA 67

CAPÍTULO 07

O HOJE, O AGORA

A vida parecia entrar mais nos eixos e como tudo passa, inclusive os problemas, as coisas iam se assentando. A resolução imigratória da minha permanência caminhava bem, apesar de temporária, já que o envio não significava aprovação. Com isso, retomei meus negócios e embarquei para a temporada de feiras de cosméticos por todo o país, onde levava mais de 40 marcas de maquiagem.

Nossas feiras não são simplesmente feiras, elas são verdadeiros eventos de entretenimento, onde as famílias, mulheres, homens, crianças vão nos seus finais de semana se divertirem.

Eu sabia o efeito que aquilo causava nas pessoas. Não era apenas o fato de eu vender ou lucrar. Aqueles produtos mudavam a autoestima de quem os comprava.

Eu olhava para trás e me lembrava daquele menino pobre de Santa Luzia, que sonhava em vender maquiagem, agora tinha carretas viajando toda a América, levando os cosméticos a pequeno custo para todo o país.

Com a vida estabilizada, veio a pandemia do Covid 19, que assolou o mundo e tantas pessoas de forma imensurável.

Com os meus projetos não foi diferente e durante o ano de 2020/2021, tudo ficou parado. Foi um momento muito difícil para todos nós.

Por longo período, ainda pagaremos esta conta, porém me considero uma pessoa abençoada demais por Deus. Primeiro porque todos da minha família estão comigo, com saúde e, segundo porque superamos e todas as minhas empresas permaneceram de pé, ficando apenas 75 dias fechadas. Voltamos a operar em julho de 2020, seguindo todos os protocolos de segurança e preservando cada uma das vidas que trabalha conosco, que é nosso maior bem.

Em fevereiro de 2021 eu recebi uma RFE (*Request For Evidence* ou Solicitação de Novas Evidências), com novas exigências para o meu processo. Questionando em 18 páginas de informações, mas com muito mais tranquilidade, experiência e fé em Deus. Depois de tudo que eu passei, não poderia mais agir diferente.

Após 4 meses, em 18 de julho de 2021, estava na véspera de uma mentoria em São Paulo, para um dos meus encontros com meus mentorados em Alphaville do curso "Transcendendo Fronteiras com Bruno Avelar" e um dia antes do encontro, recebo a notícia de que minha autorização para viajar havia sido cancelada e meu processo negado.

Reflitam novamente a situação que eu vivia. Novamente com os negócios a pleno vapor, com compromissos com outras pessoas e nova adversidade resolve surgir em minha vida. Como vocês acham que eu reagi?

Respondo para vocês: **Calmamente**. Não tinha mais por que eu me desesperar. Eu já tinha vivido tudo naquele aspecto e isso era o meu deserto, então eu teria que atravessá-lo. Minha fé consolidada, já me dizia que aquela situação, também, seria resolvida.

Recordo que quando recebi a notícia eu estava em um almoço em Alphaville com Fábio Ruiz e sua esposa, Maristela, que eram na altura um dos sócios da empresa de Imigração. Eu estava muito bem assessorado.

Tranquilamente cumpri com minha agenda com meus mentorados, e no último dia, contei a eles toda a minha trajetória com o processo imigratório, inclusive sobre o que estava vivendo, exatamente, naquele momento. E um dos alunos perguntou:

— *"Como você irá voltar? Como irá entrar novamente nos Estados Unidos com essa situação?"*

Eu imediatamente respondi:

— *"Voltando e sei que não terei qualquer problema.* ***Estou no lugar perfeito para o milagre de Deus acontecer****."*

Alguns se emocionaram bastante e eu só pedi que se acalmassem e lhes dizia que iria ficar tudo bem.

No dia seguinte, cheguei a cogitar a contratar um jato privado, mas descartei e segui em frente no voo comercial. Embarquei normalmente de volta para casa e passei pela imigração americana sem qualquer problema. Em algumas horas eu estava de volta para a minha família.

PÁGINA 67

"Quando a fé é praticada, o milagre de Deus se faz presente."

Bruno Avelar

Observem bem a situação; eu entrei nos Estados Unidos, em Orlando, com um processo negado e autorização de viagem cancelada, sem qualquer impeditivo. Há explicação? Sim, somente Deus e seus milagres!

Já contabilizei um custo de mais de US$ 82 mil em gastos de processos imigratórios, que se em 2015 eu soubesse o que sei hoje, a experiência que acumulei durante este período, não teria gasto mais de US$ 10 mil. Vejam que não foi a falta de planejamento e sim, a falta de pessoas com conhecimento adequado no começo para direcionar para o caminho correto. Por conta disso, estou vivendo até hoje este imbróglio, onde aguardo a renovação dos meus documentos por um novo processo EB2, além de Kevin, que continua na corte, aguardando sua aprovação de status imigratório legal.

Por isso, meu maior conselho é: não despreze a jornada e os conselhos de quem já passou por tudo o que você, ainda, vai passar. Se aconselhe com maior número de pessoas, tenha um mentor especialista, para que você possa encurtar seu caminho e diminuir seu sofrimento.

Eu sempre falo isso para os meus mentorados e explico por que o grande objetivo da minha mentoria é explicar os problemas, porque fatalmente eles não existirão se eu mostrar que eles existem. Não adianta eu apenas mostrar um jardim florido, é preciso cavar a terra por baixo para entender o que a adubou; e isso, ninguém quer. Mas é na adversidade que tiramos as maiores lições.

Apesar de todas as batalhas, meu ano de 2021 foi sensacional. Isso porque descobri o meu propósito de vida, através de uma viagem com Tiago Brunet em Dubai. Nesse momento da minha vida, descobri que meu objetivo era ajudar pessoas. Que no meu caminhar, eu tinha como grande missão, o auxílio de quem quer mudar de país.

Meu propósito, amigo leitor, é mudar a sua vida, que está lendo meu livro, tentando achar saídas para emigrar. Eu posso te ajudar nesta caminhada, mas sem sofrer tudo que sofri.

Todo mundo tem o seu deserto a percorrer. Eu não sei o seu, mas saiba que, após atravessá-lo, você irá sair mais forte quando tudo terminar.

PÁGINA 67

> *A pessoa faz os seus planos, mas quem dirige a sua vida é Deus, o Senhor.*
>
> ***Provérbios 16:3***

Evento Transformation Day com Tiago Brunet em Orlando 2019

Nunca desperdice um momento em que você possa absorver o conhecimento

Escritório em Orlando 2021

CAPÍTULO 08

CONEXÕES

Para entender como cheguei até aqui é preciso compreender o que fiz, de maneira natural para enfrentar tantas adversidades e conseguir o sucesso, o sucesso de ter minha família e não precisar de nada.

Vocês recordam que lá no começo do livro contei sobre como eu me relacionava com professores e diretores da escola em Santa

Luzia com apenas 13 anos? Eu era amigo de todos, o único aluno que frequentava eventos e reuniões dos funcionários da escola e era popular entre todos os alunos. Depois, com essa minha forma influente e com o dom da comunicação, comecei a me relacionar com políticos e pessoas influentes da cidade, que acabaram por me proporcionar as minhas primeiras experiências profissionais, principalmente no ramo de eventos, que já carrega mais ainda possibilidades de se conhecer pessoas.

Desde essa época eu sempre gostei e entendia que essa era a chave para crescer na vida. Mas, observem bem, não estou falando em fazer amizades por interesse. E sim, construir boas redes de relacionamento, saber circular entre todas as tribos e falar a linguagem certa de cada um, saber se comunicar. Realizar conexões é um *networking* capaz de mudar o mundo.

E isso que eu fiz em toda a minha jornada. Muitas dessas conexões se tornaram verdadeiros amigos, pessoas que se transformaram em irmãos, em família da minha família e vice-versa.

Muitos citei ao longo das histórias que contei a vocês e já é possível entender a importância de cada um aqui.

E por isso, reservei este capítulo para explicar a vocês sobre a importância de ter **CONEXÕES.**

Primeiro vou lembrá-los de que quando expliquei de ser um Solucionador de problemas e o como isso deixa marca nas pessoas. Ela é uma ótima forma de construir uma rede de conexões de pessoas que se lembrarão de você. Ela te aproxima pela dor ou adversidade que a pessoa está vivendo naquele momento e precisa que aquilo seja solucionado de maneira urgente. Aquele que tira a dor de uma pessoa, a marcará para sempre!

> *"Saber servir, para saber ser servido!"*
>
> ***Bruno Avelar***

Segundo é criar vínculos com quem é melhor do que você. Quando se tem experiências com pessoas que já alcançaram algo que você almeja ou possuem conhecimento diverso do seu e tudo isso de forma agregadora, você estará ressignificando diversos conceitos e passando a ser uma pessoa melhor e maior. Porém, nem a grandeza e nem a qualidade, devem estar ligados à soberba. É preciso se manter centrado do início ao fim. Essa é uma das grandes formas de se abrir portas no mundo.

Por fim, a conexão através da empatia. Aquele que está disposto a ajudar o outro, sem olhar a quem e se receberá reconhecimento, gratidão ou algo em troca, é a forma mais sincera e genuína de aproximação. Talvez, esta seja a forma de se relacionar com o ser humano que mais traz decepções, porém, também mais recompensas, de quem realmente irá te reconhecer, Deus!

E eu pratiquei e pratico até hoje todas elas.

Vocês recordam da passagem que estava atuando no último suspiro de solução de minha permanência nos Estados Unidos, que presenteei o time do escritório de imigração, com a guitarra e a camisa autografada do Clube Atlético? Isso é uma forma de estabelecer conexão. Quando agradamos alguém, seja por qual motivo, você se une àquela pessoa de alguma forma e assim, a troca de gentilezas é gerada. No meu caso foi em gratidão a todo empenho que eles estavam tendo, porém, este tipo de gesto pode ser por diversos motivos, como a fidelização de clientes, por exemplo.

Entendam, que quem irá mudar de país, principalmente se tem o objetivo de empreender, este ponto é crucial para que sua jornada seja de sucesso.

Mas já fique ciente que fazer conexão é algo que dá trabalho, exige esforço, custo e aptidão. Vou explicar o porquê se relacionar com pessoas não é simplesmente sorrir ou dar um forte aperto de mãos.

Primeiro porque você precisa se apresentar bem. Seu *layout* precisa ser atrativo e demonstrar confiança. Não que você, a partir de agora, vai começar a só andar com roupas de marca e bolsas de grife. Jamais daria esse conselho. Mas, é importante estar bem-arrumado quando estiver se apresentando a um cliente ou um parceiro de negócios. O tom despojado fica para trás.

Atitude também faz parte da sua vestimenta. Aperto de mão firme e se posicionar de maneira objetiva e certeira são itens essenciais. Você pode ser gentil e educado, mas nunca deixe que pisem em você, ou se aproveitem de sua boa vontade.

Já o custo, isso precisa ser provisionado. Já fiz muitos churrascos, jantares, almoços para poder estabelecer as conexões certas. Junto a isso, vem a disposição. Tem dias que queria apenas ver uma série na TV, porém, tinha que encontrar com pessoas que seriam importantes para fechar um negócio. Nessa hora, o esforço vale muito.

Por fim, não dispense nunca aqueles que chegam à vida, através de um deserto. Há conexões que surgem para ser alguém que irá caminhar ao seu lado, junto da sua família e eu tenho pessoas assim, comigo. Que é uma mão de via dupla, sem interesse e sem a necessidade de se agradecer com palavras, porque isso é feito através de gestos do coração.

Diante disso, vou contar um pouco, algumas conexões que fizeram parte de toda uma trajetória, além daquelas que citei ao longo das minhas histórias.

Primeira pessoa que vou falar é de um irmão que a vida me deu, o César Menotti.

PÁGINA 67

Eu conheci o hoje César Menotti, tão famoso da dupla César Menotti e Fabiano, em um barzinho em Belo Horizonte, através de um amigo, o cantor Alan Rodrigues da dupla Alan e Alex. Eu tinha 15 anos aproximadamente quando o conheci e ficamos colegas. Ele ainda não era famoso. Tocava nas noites da capital mineira e também lutava para achar seu lugar de destaque no mundo. Saímos algumas vezes. Ele com um Escort Hobby do pai Toninho do Ouro, o qual tive o prazer de conhecer em vida e, eu com o dinheiro da gasolina. Ninguém, ainda, o conhecia.

Um dia o levei na casa de shows em Betim, chamada *Arrasta Pé*, pois já conhecia muitas pessoas pelos eventos em Santa Luzia e o dono do local era meu amigo. Eu entrava pelas portas dos fundos. No dia, apresentei a ele o César e ele não deu muita bola na época. Anos depois, ele insistia para a dupla ir cantar lá.

Essa é uma boa lição. O mundo sempre dá essas voltas e por isso, nunca se deve menosprezar ninguém, você não sabe em qual posição vocês estarão lá na frente!

O primeiro show que paguei para o César fazer em Santa Luzia foi de R$ 400,00, já o segundo, com o cachê melhor, o valor ficou em R$ 700,00 e o Fabiano até hoje, brinca que ficou faltando uma beirada.

Quando eles explodiram em todo o Brasil, não tínhamos mais tanta conexão, apesar de sempre manter contato com ele, apesar da distância. Eu estava em Portugal, vivendo uma luta insana, passando muito aperto.

Às vezes eu ligava, mandava presentes para a dupla. Ainda católico em 2006, fui a Fátima e gravei um vídeo para o César, com o meu pedido para que eles fossem ao programa do Faustão, já que esse era o sonho do todo artista. Não sei se foi pela minha oração, mas semanas depois eles se apresentaram no horário global mais nobre do domingo.

Em 2010 encontrei o César em Londres, quando eles foram tocar no *Brazilian Day*. Passamos o dia juntos e ele me convidou para ficar no camarim e nos bastidores do show! Foi um momento especial, pois matei a saudade daquele meu amigo de grandes momentos, sem muitas posses em BH, que talvez ele, hoje, nem saiba, mas se tornou uma grande inspiração para mim. Ele era uma referência para eu vencer na vida.

PÁGINA 67

Dupla que sempre me inspirou!

O fato dele ter alcançado o sucesso me inspirou também a lutar pelos meus sonhos e me fazer acreditar que eu também poderia alcançar os meus objetivos de vida.

Eu praticamente cultivei uma amizade, que me trouxe muitos benefícios no futuro, sem sombra de dúvidas, mas muito mais pelo carinho de irmão que desenvolvemos um pelo outro, ao longo dos anos.

PÁGINA 67

Ele não precisava de mim, para absolutamente mais nada, mas confesso que passei anos esperando para ser realmente amigo dele. Sua irmandade e tê-lo em minha vida é um verdadeiro presente para mim.

Em 2017, um amigo nosso em comum, o Gil Marciano, nos conectou novamente. O César queria fazer uma viagem de Motorhome e eu tinha a minha empresa em Orlando.

Nessa época, eu já estava completamente estruturado financeiramente e pude proporcionar para ele uma viagem incrível, onde, juntos fomos para Nova York, saindo de Orlando.

Desde então, nunca mais nos separamos. Nosso laço de amizade hoje é familiar. Eu participo da família dele e ele da minha. Somos realmente dois irmãos de coração, presenteados pela vida.

Além disso, nos tornamos sócios de uma empresa de Motorhome, já que eu tive que vender a minha primeira, por conta de estar com o problema de ter que deixar os Estados Unidos.

Para se ter algumas coisas na vida, não basta ter dinheiro, tem que se ter coragem também!

César Menotti

CÉSAR MENOTTI & FABIANO

E ainda, tive o privilégio de ser o produtor executivo do DVD *"Os Menottis in Orlando",* gravado aqui nos Estados Unidos no dia 03 de novembro de 2018. Foi um sonho executar esse projeto, já que me abriu muitas portas, trouxe notoriedade e me gerou muitas conexões importantes.

Foto Gravação DVD "Os Menottis in Orlando"

O César, por ser quem é, acabou me validando e me referenciando com muitas pessoas, além de abrir um leque de oportunidades no mundo dos negócios. Tive, ainda, o prazer de fazer parte de toda a reestruturação de seu escritório no Brasil, em 2019.

Entendam o porquê deste relato. Eu servi a este meu amigo e por diversas passagens aqui, já demonstrei que quando você serve a alguém, você se torna relevante para aquela pessoa. Passei 6 meses, indo e vindo, em viagens do Brasil e Orlando, para todo o trabalho com organização do escritório da dupla e produção do DVD deles. E fiz isso de maneira genuína e tenho a certeza que nossa união hoje é reflexo disso, do tempo em que os servi de coração.

Seus presentes e referências sempre me acompanharam

César também me conectou a um gênio do Cinema Brasileiro, o Leandro Hassum. Para vocês terem ideia desta conexão e pelo privilégio que tenho enorme honra de contar, em dezembro de 2020, assisti o seu recém-lançado filme da Netflix em minha casa, deitado em um sofá. Foi naquele dia que minha admiração, que já existia, passou a ser um desejo de ser amigo dele.

Em março de 2021, através do César, eu e Hassum nos conectamos, nos tornando grandes amigos. Como todos moramos em Orlando, não passamos mais de duas semanas sem nos falar. Passa um filme em minha cabeça!

Quando encontrei o Hassum, a conexão gerada foi imediata, porque acabei o ajudando com conselhos, que depois ele me contou que fizeram a diferença em sua vida. A partir daquele momento, estreitamos a relação e nos tornamos amigos.

São conexões como essas que me levaram a muitos negócios importantes.

PÁGINA 67

HASSUM

Eu poderia criar outro livro, apenas com as maravilhosas conexões que fiz ao longo da vida e a relevância e importância de cada uma.

Para cada um, sou eternamente grato e sempre serei pelo que cada pessoa que passou pela minha vida me proporcionou.

No *Thanksgiving* de 2021, tive a honra de agradecer ao César e ao Hassum, que jantavam conosco, por esta amizade e conexão tão valiosa que temos em nossas vidas, juntos.

A importância do César em toda a minha trajetória nos Estados Unidos é muito especial.

Eu, de fato, não teria as conexões e os negócios que essa rede me gerou se não fosse por ele. Foi através dele e do seu irmão, Fábio Lacerda, que também hoje é um dos meus melhores amigos e confidentes, mentor e conselheiro, que me conectei com Tiago Brunet.

Um dia, ao chegar ao Brasil, o Fábio me pediu para acompanhar o César a um evento do Tiago Brunet em São Paulo. Neste dia fomos jantar todos juntos e quando retornei a Orlando, Fábio me ligou e me contou que o Tiago havia perguntado a eles qual o nível de confiança que tinham em mim.

Até hoje, lembro-me da resposta do Fábio:

— ***"Tiago, quando nós viajamos juntos, dividimos o mesmo quarto de hotel. Diante disso, tire suas conclusões."***

Por isso, novamente, volto a te aconselhar. Construa relacionamentos em pessoas que te validem e referenciem, assim como Fábio fez comigo perante o Tiago.

Logo depois disso, nos encontramos em Orlando, após uma mensagem do Tiago. Foi um momento importante. Eu pensava muita besteira de terminar meu casamento e após uma conversa com ele, de minutos de aconselhamento, desisti daquela loucura. Ele salvou o que tenho de mais precioso, MINHA FAMÍLIA!

Por isso, digo a vocês, como já relatei aqui no livro. Foi por conta do Tiago que encontrei meu propósito de vida. Se não fosse por ele, não teria ajudado tanta gente a mudar de país e continuar ajudando, assim como não estaria escrevendo este livro.

Tornamo-nos grandes amigos íntimos. Mas, vou voltar um pouco atrás. Antes de isso tudo, eu o servi, desde trocar o pneu do seu carro, até produzir um dos seus maiores eventos em Orlando, o *Transformation Day*, que contou com mais de 700 pessoas e foi um verdadeiro sucesso.

Tive a oportunidade de evoluir muito, caminhando com ele em Dubai, na minha primeira imersão que fui com Tiago. Entendi, ali, que meu grande propósito de vida era cuidar das pessoas, criar redes de conexões e ensinar tudo que aprendi aos meus mentorados. Foi assim que nasceu o *Transcendendo Fronteiras* por Bruno Avelar. Nós criamos este curso pensando nas pessoas que desejam mudar e empreender fora do país. Meu primeiro grupo aconteceu muito rápido e foi muito especial. Saber que a minha experiência e tudo que vivi estava mudando para melhor a vida de outras pessoas.

Decidi cobrar US$ 10 mil por um ano de mentoria, acompanhando a família em todas as etapas de mudança, assessorando nos trâmites de transição, englobando todos os itens necessários de imigração.

PÁGINA 67

em CARTAZ
Imagine acordar e todo dia ser Natal.
TUDO BEM NO
NATAL
QUE VEM
3 DE DEZEMBRO
NETFLIX
NETFLIX

PÁGINA 67

TIAGO BRUNET

Foto: Eu e Tiago Brunet em Dubai

Meu primeiro grupo contou com 15 inscritos e faturei perto de R$ 700 mil, sem investir nem R$ 1,00 de tráfego pago em mídias sociais.

A partir daí não parei mais e sei que pude empreender e cumprir com o meu propósito.

Conheça mais sobre a mentoria no www.clubedetransicao.com .

Eu tenho a convicção que me transformei, ressignifiquei muitas coisas em minha vida, após minha conexão com Tiago Brunet e tenho muito orgulho de ser amigo e tê-lo contribuindo com este livro.

O Tiago me gerou diversas conexões, que me levaram também a lugares e, pessoas que eu jamais imaginaria estar ou conhecer.

Espero que, ao final da leitura deste capítulo, meus caros leitores, vocês tenham entendido o porquê costurar uma rede de conexões é tão importante.

PÁGINA 67

PALAVRAS DO AMIGO CÉSAR MENOTTI

Eu e o Bruno nos conhecemos através de um amigo em comum em Belo Horizonte, ainda quando iniciávamos nossa carreira.

Em seguida, em um *Brazilian Day* em Londres, nos encontramos novamente, até que em 2017, um conhecido nos conectou novamente, já que eu queria fazer uma viagem de Motorhome pelos Estados Unidos e o Bruno tinha uma empresa de aluguel deste tipo de transporte.

Desde esse dia em diante, nunca mais nos separamos. Vivemos muitas coisas juntos, foram muitas portas abertas e ajuda em ambos os lados.

O Bruno é como um irmão e hoje faz parte da minha família. Cada um tem um quarto na casa do outro. Ele auxilia muito em conflitos. É uma pessoa que sabe fazer isso.

Não há um dia, sequer, que não nos falamos, contamos ou dividimos algo. Ele, eu, meu irmão, nossas famílias são como uma parte só!

Somos muito conectados!

César Menotti

Imersão Tiago Brunet - Dubai 2021

MENSAGEM DO AUTOR PARA O IMIGRANTE

Com todas as experiências passadas e relatadas aqui, deixo uma mensagem para você que deseja emigrar.

Meu primeiro conselho é referente ao planejamento. Se você está pensando em mudar de país, esgote todas as possibilidades de pesquisa, desde o local, moradia, cultura, oportunidades de trabalho e empreendimento, alimentação e principalmente, Vistos ou processos imigratórios que darão estadia como residente legal no país.

De forma alguma pegue atalhos. Saiba que este é um processo que custa caro e que poderá lhe trazer problemas no futuro, por isso fale com no mínimo três advogados de imigração diferentes, reúna toda a sua documentação e conte a sua história. Questione sobre todas as possibilidades para o seu caso e todos os caminhos possíveis de trilhar.

Procure pessoas que já conseguiram e também, quem ainda está tentando. Trocar experiências é essencial.

Assista vídeos no Youtube, procure *blogs* especializados e artigos em mídias sociais de como é morar no seu país escolhido.

PÁGINA 67

Mas nunca descarte os especialistas, escritórios e advogados de imigração. Esses serão essenciais para auxiliá-lo de verdade. Mas antes de fechar com qualquer pessoa, pesquise os casos de sucesso que eles tiveram, referências e faça tudo mediante a um contrato.

Hoje você pode aplicar nos Estados Unidos um EB2 por exemplo por US$ 10 mil mais as taxas, que giram em torno de US$ 4 mil. Esses valores são para uma família de 4 pessoas, se aprovado, terá que pagar em torno de US$ 1.500 por pessoa por *Green Card*.

Se você já tiver cidadania europeia, questione um advogado sobre o E2. Com este Visto e investindo em torno de US$ 100 mil, você tem o direito de residir legalmente nos Estados Unidos. Há inúmeras possibilidades de ser residente legal de um país. Basta identificar qual melhor aplica para o seu caso, objetivo de imigração e se você está com família ou sozinho.

Pesquise também sobre a loteria do *Green Card*, que se aplica para vários países do mundo; infelizmente o Brasil não faz parte, mas se você tem, por exemplo, cidadania italiana, portuguesa, alemã, você se enquadra nesta modalidade de sorteio.

Já em Portugal, tente conseguir um contrato de trabalho na sua área de atuação e aplique para residência. Ficar ilegal não pode ser uma opção para quem quer sair do país.

PÁGINA 67

Existem vários outros caminhos que ensino na minha mentoria *Transcendendo Fronteiras* por Bruno Avelar. É importante você passar por um curso como esse para sair planejado e preparado, sabendo de todas as situações e soluções que o esperam.

Indico sempre aos meus mentorados a conhecer o país de desejo de nova moradia e passar um período de 30 dias conhecendo a cidade que você pretende morar, e nesse tempo, falar com pessoas que vivem no local para ouvir e adquirir experiência com moradores que tem uma rotina local.

Não mude para nenhuma cidade baseado em experiência turística. Vou dar um exemplo clássico: muita gente se muda para Orlando, após passar férias e conhecer a Disney, mas o que poucos sabem é que Orlando tem um dos piores salários dos Estados Unidos, já que é uma cidade que vive apenas do turismo.

Muitas pessoas investem em ideias brilhantes, mas no local errado, mudar de país por emoção vai certamente te levar à ruína.

Na hora de decidir qual cidade ou país morar, você precisa de muita informação, para quando tomar uma decisão, esta esteja baseada em informações reais.

Outro erro é achar que mudar de país irá eliminar seu problema no casamento, ou financeiro. Ao se mudar você leva os problemas juntos. Claro, que mudar geograficamente ajuda sim, a recomeçar, mas não elimina problemas existentes, todas as adversidades precisam ser resolvidas antes da transição.

Durante minha jornada o que mais vi foram famílias perderem tudo que ganharam ao longo de toda uma vida. Para vocês terem uma ideia, 90% de quem posta uma vida perfeita fora do Brasil está passando por dificuldades, seja ela financeira, emocional com solidão, falta de emprego, barreira do idioma, saudades da família, carência, depressão, e por aí vai. Porém, as pessoas não voltam por vergonha, já imaginando que serão tachadas de fracassadas, se autojulgando do que as pessoas irão dizer ou pensar.

Morar fora do país não é para qualquer um. No exterior você será um visitante, ou seja, sempre será visto como imigrante.

POR QUE PÁGINA 67?

Eles responderam: "Tivemos sonhos, mas não há quem os interprete".

Disse-lhes José: "Não são de Deus as interpretações?

Contem-me os sonhos".

Gênesis 40:8

Durante a elaboração deste projeto, tive um sonho, onde Deus me mostrou como seria a mensagem que eu deveria passar para vocês.

PÁGINA 67

Na minha vida tudo seguiu um propósito e em uma longa jornada descobri que minha verdadeira missão era ajudar todos aqueles que queriam imigrar, mas não sabiam como.

O *Página 67* é apenas para mostrar a todos que não há atalho a ser seguido, não tem jeitinho que possa ser dado quando o assunto é imigração. Para quem deseja mudar de país, só há um caminho a percorrer: Planejamento, Preparação e estar com as pessoas certas te assessorando.

E por isso, trouxe para vocês este livro de experiências, porque ninguém melhor para ajudar alguém a atravessar um deserto, do que aquele que já conhece esse percurso!

Contem comigo e Boa sorte!

Bruno Avelar!

DE BRUNO PARA BRUNO!

Foto tirada no dia 10 de março de 2006, em Portugal.
Meu primeiro aniversário em solo europeu.

Eu só queria voltar neste dia e dizer pra mim mesmo: "Vai doer, mas vai valer a pena."

Bruno Avelar